霞が関のリアル

NHK取材班

霞が関のリアル

岩波書店

まえがき

「官僚のレゾンデートル（存在意義）は、政策のプロとしてどれだけ選択の幅を示すことができるかだ。しかし、今はその幅が狭くなってきている。人材も集まりづらくなっている。本当に危うい状態だ」――私にこんな危機感を語ったのは、ある省庁の50代の官僚です。

みなさんは「官僚」と聞くとどんな印象を持つでしょうか。「国を動かすエリート」、「高給取り」をイメージするかもしれません。あるいは、国会で政治家から突き上げられても淡々と答弁する姿を思い浮かべる人もいるでしょうか。

しかし、取材から見えてきたのは、年相応の悩みを持ち、弱音も吐く、20代、30代の等身大の姿でした。

2019年3月からスタートしたNHK NEWS WEBの連載「霞が関のリアル」。霞が関ではこの数年、森友学園や加計学園を巡る問題など、前代未聞の不祥事が相次いで起きました。私たちはその最前線で取材しながら、いったい霞が関で何が起きているのか、ずっと考え続けていました。「これまでとは違うアプローチをしないと、これらの問題の本質に迫ることはできない」。連載は、そんな問題意識を共有した記者有志と始めました。

私たちが特に焦点を当てたのは、20代、30代の若手・中堅の官僚たち。同年代（私も30代です）として、当人たちが入省した時と同じ気持ちで働くことができているのか、プライベートとの両立はできているのか、今の霞が関という組織をどう見ているのか、心から知りたく思ったからです。

通常、官僚にとって私たち記者は（自分で言うのも何ですが）「煙たい存在」だと思います。組織の情報管理やコンプライアンスの徹底が叫ばれる昨今、個々の官僚、特に若手や中堅への取材は難しくなっていると感じます。そんななか、今回の取材には何人もの官僚たちが本音を口にしてくれました。いや、もしかするとそうせざるをえないほど、事態は切迫していたのかもしれません。そんなリスクをとってくれた人たちに「何とか報いる記事を書かなければ」と、そんな一心でした。

最初に掲載したのは本書にも収録されている「眠らない官僚」です。民間企業であれば罰則の対象となるような長時間労働が見過ごされ、待遇面でもさほど報われていないことを、当事者たちの証言をもとに書きました。

すると、掲載直後から100通を超えるメールが寄せられました。その多くは官僚の家族や元官僚、そして現在も霞が関で働いている当事者たち。「記事に共感が止まりません」「もう限界です」……。私たち自身、どんな反応があるのか手探りで記事を書き始めましたが、メールには悲鳴ともとれるやり場のない気持ちや悲惨な実情が、切々と綴られていました。

私たちはメールをくれた相手に対して、電話やメールでやりとりを重ねたり、可能であれば直接会ったりして話を聞きました。入省後まもなく激務にさらされ、志半ばで心身を病んでしまった人、家庭と仕事の両立ができずにやむなく転職を決意した人、政と官の関係に疑問を抱く人など、その裾野の広がりを知るにつれて、高い倍率の国家公務員試験をくぐり抜けた優秀な人材がここまで追い詰められていることに驚愕し、強い疑問を覚えました。

そんな官僚たちを追い詰めている原因は、1つではありませんでした。大量のコピーとりや国会での答弁書の作成のため、業務が翌日未明まで終わらないことや、国会議員に呼ばれたら原則対面で説明に参上しないといけないなどの古くからのしきたりも、いまだに多く残っていました。世の中の役に立つ政策を立案したいという高い志はあっても、こうした日常的な業務に振り回されることで、ある意味摩耗している若手・中堅の官僚たちの姿は、まさに「疲弊する霞が関」そのものだったのです。

今回書籍となった『霞が関のリアル』は、実際の霞が関の姿に光を当てた数年間の記事に加筆修正を行い、テーマごとに再構成してみました。冒頭の「00 コロナで激務に」では、今まさにコロナ対応に追われる厚生労働省の若手官僚の現状を書いています。以降は、慢性化している官僚の長時間労働の実態(第一部)、霞が関の働き方に密接に関わっている政治家(永田町)との関係(第二部)、霞が関独特の文化やそれを変えようと試みる官僚の姿(第三部)、2020

年初頭からのコロナ禍で様々な対応に追われる官僚たちの姿(第四部)をそれぞれ追っています。

本書で取り上げる、これら山積する課題については、ここにきて改善に向けた動きもみられます。河野行政改革相のもとで、昨年2020年の官僚の在庁時間の調査が行われ、サービス残業の実態が明らかになり始めました。さらに立ち遅れていたデジタル化についても、質問通告がオンラインで可能となるなど、少しずつ改善はみられます。これが一時的なものとならないよう、私たちはしっかりウオッチし続けなければなりません。

最近も、総務省幹部らの接待問題などで揺れ続ける霞が関。取材した若手や中堅の顔を思わず思い浮かべてしまいます。しかし、私たちがそこで働く官僚のリアルに迫りたいと思ったのは、何も「かわいそうだから」ではありません。国の最前線で、世を動かしていく官僚の「疲弊」や「歪み」が放置されれば、その問題はすべて私たちに跳ね返ってくると感じたからです。それは、今まさに直面しているコロナ禍において実感できるのではないでしょうか。

本書を読んで下さった方々が、私たちと同じ思いを抱き、関心を持っていただくきっかけになってくれればうれしいです。

荒川真帆

2021年3月

もくじ　霞が関のリアル

第一部　官僚だってつらい

第二部 霞が関と永田町

第三部 今どきの霞が関事情

第四部 コロナと闘う官僚たち

00

コロナで激務に ――霞が関の官僚にいま何が

2020年12月

大山雄介・杉田沙智代・小林さやか

午前4時47分　妻「帰っておくれ寿命が縮む」
午前4時59分　夫「タクシーなう」
ある若手官僚が帰宅中に妻と交わしたLINEです。いま、霞が関の官僚たちに何が起きているのでしょうか。

追い詰められる官僚

先ほどのLINEを見せてくれた官僚と妻には2人の小さな子どもがいます。官僚の夫は1か月の残業が200時間を超えることもあるとしたうえで、こんな本音を漏らしました。

若手官僚が帰宅中に妻と交わしたLINE

とても人がさばく量とは思えないような仕事量が人間の限界とは無関係にいくらでも降ってきます。頭が痛いとか気持ち悪いとかっていうのは毎日そういう状態で出勤していますし、死にたいと思ったことはないですけれどもすべてを終わらせれば楽になるだろうなと。その感覚がちょっと理解できるなと。

長時間労働とともに彼を追い詰めているのが、仕事に満足感を得られないことでした。

実際にはなかなか政策をちゃんと考える時間もない。雑多な業務に追われて、国会だけではなくて、それ以外の場で議員に呼び出されて詰問されることも多々あります。人間的な扱いをされていないのではないかというふうに感じることが多々あります。滅私的に働き続けるという覚悟は持っていましたけれども、これを続けていくのはかなり厳しいのではないかと。

ＬＩＮＥには夫婦のこんなやりとりが残されていました。

午前0時17分　妻「子どもがパパと叫んだ。かわいそうや」
午前0時18分　夫「ほとんどあってないからな」

妻は私たちの前で、涙ながらにこう訴えました。

本人がどんどん衰弱していくというか。ほおも痩せこけていって。私ともたわいもない話をする余裕すらなくなっています。国民の生活を良くするために働いているはずなのに、自分たちの家庭がどんどん犠牲になっているっていうのが本当につらいですね。

若い夫婦の訴えに、胸が締めつけられる思いがしました。

官僚の〝長い1日〟

霞が関の働き方の実態はどうなっているのか。私たちは、新型コロナ対策の中心となっている厚生労働省の若手官僚に密着することにしました。

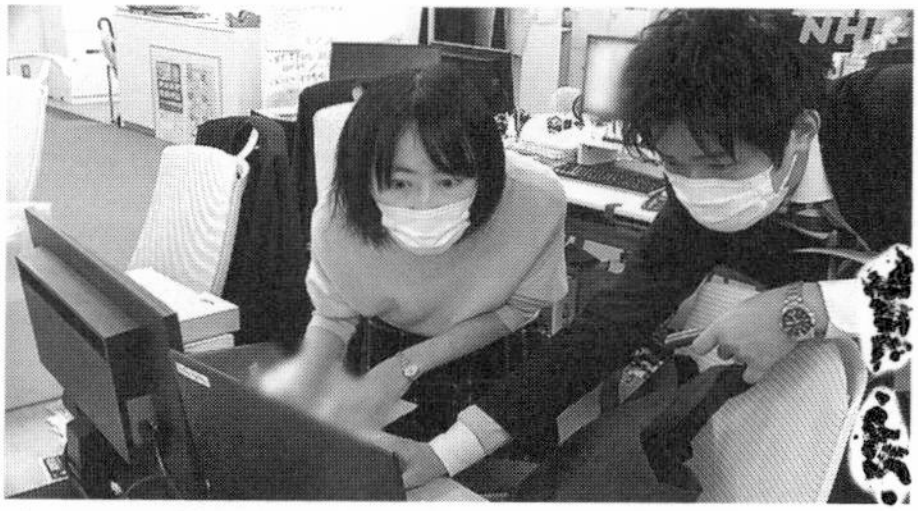

左が及川侑子さん

入省6年目の及川侑子さん(31)。担当業務は、食品安全などに関わる政策の調整ですが、新型コロナの感染拡大を受けて、空港などでの水際対策を担当する班にも組み込まれています。

前日も午前1時すぎまで仕事をしていたという及川さん。「大変では?」と聞くと、こう答えてくれました。

まさに今、厚生労働省の頑張りどころです。「行政が今ここで頑張らなくてどうする」という時を迎えているという思いがあります。

〝対面が基本〟の国会対応

この日、最も時間を割いていたのが国会対応です。官僚にとって重要な業務の1つで、大臣の答弁を作成し実際に答弁する場にも同席します。

そして、質の高い答弁の作成に欠かせないとされているのが「問取《もんと》り」。国会で質問を予定している国会議員から直接、質問の内容を聞き取る霞が関ならではの手法です。こうした議員とのやりとりは、電話やオンラインではなく、原則対面で行われます。この日も、及川さんは地下鉄を使って、厚生労働省と永田町にある議員会館との間を2回往復し、移動だけで1時間以上かかっていました。

残る紙文化

もう1つ、霞が関の〝名物〟だと感じたのが「紙文化」です。以前よりだいぶペーパーレス化が進んでいるものの、省内の会議や国会議員への説明に使う資料はやはり紙が基本です。

ペーパーレス化を進めようと言っておいてなんだって感じですけど……。どうしても紙で刷りだして鉛筆でチェックをする。みんなで紙で行ったり戻ったり書き込んだり、まだどうしてもちょっと残っているかな。

昼食も食べずに仕事に没頭していた及川さん。午後10時すぎ、ようやく口にしたのが地下のコンビニで買ったパスタでした。食事中も手を休めることなく、届いたメールの確認をしていきます。1日の受信数は500にものぼるそうです。

午前2時半に庁舎を後にする及川さん

仕事は大変……でも「国民のために」

この日、及川さんが庁舎を後にしたのは午前2時半。部屋には、まだ国会対応などをしている上司や同僚が数人残っていました。

子どもや孫の世代になった時に、もっと日本をよくしたいし、できるだけ多くの人の幸せのために働きたいという気持ちを持って官僚になりました。国のため、国民のために働けるのがやりがいです。ただ、新型コロナへの対応で、ふだんでは考えられないような業務量なので、夜遅い日が続くと、体がしんどいなという時はあります。自分にもう少し余裕や体力があったら、もっと現場に足を運んでよい政策を考えられるのではないかと、もどかしさも感じています。

この日、終業時間(午後6時15分)を過ぎてからの及川さんのスケジュールは、打ち合わせや資料のチェック、印刷作業などで深夜までびっしりと埋まっていました。

タクシーに乗り込む及川さんを見送りつつ、体調が心配にもなりました。

国家公務員は労働基準法の適用外

「そもそも、こんなに残業させていいのか?」

そんな風に思った方も多いと思いますが、実は、官僚などの国家公務員には労働基準法が適用されません(詳しくは3章の「人事院に直撃!! 何で休めないの?」(42ページ)を参照)。代わりに人事院規則というルールがありますが、違反しても罰則などはありません。

新型コロナの流行が続く中、多くの官僚が長時間労働を余儀なくされ、月に100時間以上の残業をした官僚が4割近くにのぼっているという民間の調査もあります。

7人に1人が「辞めたい」

一方で、若手の「官僚離れ」は深刻化しています。内閣人事局などによると、2019年度、自己都合で退職した20代官僚は87

午後6時半	審議官らと会議
7時半	同僚と打ち合わせ
8時	資料のチェック
9時	国会対応について上司に相談
10時過ぎ	メールのチェック(兼夕食)
11時過ぎ	国会関連で職場待機中に上司と打ち合わせ
午前0時半過ぎ	資料を印刷
1時半	検疫業務について上司に相談
2時半	帰宅

及川さんの終業時間以後のスケジュール

人。6年間で4倍以上に急増しました。また、20代の官僚の14・4%、実に7人に1人が「数年以内に辞めたい」とも答えています。

官僚のなり手も減っています。

2020年度、国家公務員の採用試験(総合職)に申し込んだのは1万6730人と、5年前に比べて23%も減少しました。

官僚トップに聞いた

こうした実態を幹部はどのように受け止めているのでしょうか。厚生労働省の事務方トップの樽見英樹事務次官を取材しました。

すると「私自身も若い頃、子どもの顔も見られない生活を経験したことがあります」と言いながら「長時間労働で若い職員の生活に支障が出ている状況を続けていくことは、もう許されないと感じています」と率直な思いを打ち明けました。さらに、こうした働き方が新型コロナへの対応にも影響していると危機感をあらわにしています。

長時間労働が続くと、十分な分析がされないまま政策が立案されていくのではないかということが心配です。今回の新型コロナへの対応を見ても、どういう方針で対応するかが十分にまとめきれず、結果的にほとんど綱渡りになってしまったこともあったと思います。今、厚生労働省が大変な局面にある中で、業務を重点化し、優先順位を見定められるよう管理職のマネジメントを強化しないといけません。若い人の声を聞いて組織の改革に取り組みたいと思います。

始まった働き方改革

国会議員の間でも、官僚の負担を軽減しようと、官僚からの説明をできるだけオンラインで受けることなどが検討され始めています。

また、厚生労働省も独自に専門のチームを立ち上げ、働き方改革に取り組み始めました。改善を検討しているのは、議事録の作成の自動化や、国会とを結ぶマイクロバスの定期運行、紙の答弁資料に代わるタブレット端末の活用など106項目。全職員にアンケートを実施して、優先的に改善する項目を洗い出そうとしています。しかし、コロナ禍での難しさもあるようです。

新型コロナ対応は日々状況が変わりますので、なるべく迅速に情報を伝達するという意味では、対面のほうが早かったり柔軟なコミュニケーションが取れたりするという面もあります。それでも、なるべくテレワークやペーパーレスにして、最大限、効率化していくことが大事なのかなと思います。また、国会の対応などは自分たちだけで調整できる業務ではありませんので、われわれができる効率化はしっかりとしつつ、ぜひ国会のご協力も頂きたいと思っています。（改革チームの実務担当大臣官房総括調整室・中野淳太郎課長補佐）

「国民の生活を良くするために働いているはずなのに、自分たちの家庭がどんどん犠牲になっているっていうのが本当につらい……」冒頭の官僚夫婦は、そう訴えました。

コロナ禍で官僚たちが国民のために集中して働けるよう、霞が関の働き方を根本から見直す必要があると感じます。

第一部

官僚だって つらい

過労死ラインをはるかに超え，多くが限界の中働き続ける霞が関．中には心身を病む人や，あまりの負担ゆえに退職を決意した人も．霞が関を取り巻く働き方は，今どうなっているのでしょうか．

01

眠らない官僚

2019年3月

荒川真帆

不夜城とも言われる〝霞が関〟。毎晩、官僚たちの帰宅を待つタクシーが長い行列を作っています。相次ぐ不祥事で、何かとニュースになっている官僚の人たち。でも、そんな遅くまでいったい何をしているのか、気になりませんか？

つらい！ 眠い！ 官僚たちの本音

3月8日、午前1時すぎに霞が関を訪ねました。

まず驚くのがそのタクシーの大行列。省庁の周りで数えてみると、その数は255台に上りました。

官僚たちは帰宅する時、どんな様子なのか、早速、タクシー歴30年、霞が関にも詳しいというベテラン運転手に話を聞くと、「みんな疲れているねえ」と同情した様子で答えました。

午前1時の霞が関，タクシーの長蛇の列

乗った瞬間に「疲れたー」とか「限界だ」とか叫ぶ人もいるし、行き先を告げた次の瞬間に、いびきをかいて寝ている人もいる。朝帰りもざら。土日でも窓の明かりはついてる。消えない時なんて、ないんじゃないか。

中には、こんなことを口にした人もいたとのことです。

地方に異動が決まったというお客さん(=官僚)は「こんな地獄みたいなところもうおさらばだ!」と言ってました。よほど過酷なんでしょうね。

官僚の皆さんの働き方、尋常でなさそうです。

保険金上げた……

この日も深夜まで働いていたある省庁の官僚に話が聞けました。田中勇樹さん(仮名)、入省5年ほどの若手です。私が「大変だと思いませんか?」と尋ねたところ、こんな答えが返ってきました。

公務員ですから、ある程度は仕方がないかと。ただ昼間、頭がぼーっとしたり、耳鳴りしたりする時もあり、いつか倒れるだろうと思うことはあります。妻からは「体がもたないよ。早く転職すべき」と泣きながら責められたことがあります。

さらに、田中さんは声を潜めてこう続けました。

実は最近、万一の時、家族が困窮しないように、こっそり自分の保険金額を上げました。

〝国会対応〟

どうしてこんな働き方になっているのでしょうか。

田中さんにある1日のスケジュールを教えてもらいました。

国会会期中、自宅を出るのは朝6時。

その後、「大臣レク」「幹部レク」と言われる幹部との協議や議員への説明まわり、法改正の準備などを続けます。

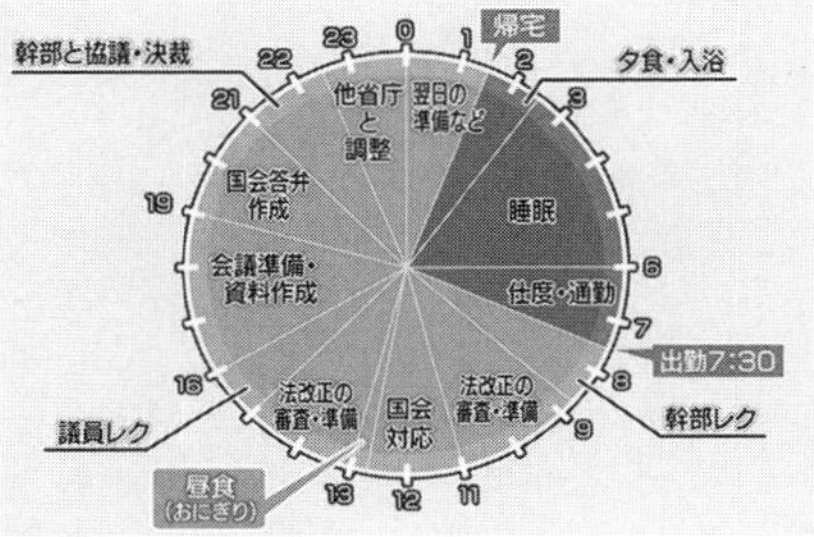

田中さん(仮名)のある1日のスケジュール

夜は翌日の国会答弁の作成。休憩時間はほとんどなく、昼食も移動しながらおにぎりをかじるだけです。

帰宅時間は、ほぼ深夜1時を回るといいます。

目につくのは国会対応の多さです。国会中継で、各党の議員が質問し、各省庁の大臣らが答弁する姿、テレビで目にしたことがあると思います。議員からは前日までに質問内容を伝える、いわゆる事前通告があり、それに基づき答弁を作るのが基本、官僚の皆さんの仕事です。

これについて田中さんは、「遅ければ質問通告が夜11時を過ぎるので、そこから答弁作りの作業がスタートします。また、どの質問を、どこの課で担当するかで内輪もめすることもしばしばあります」と打ち明けました。

質問は1つの省庁だけで200を超える場合もあり、朝までコースもあるということです。多くの中央省庁には、省内に職員が泊まれるように仮眠室やシャワー室が完備されています。しかし、田中さんが使っているのは事務用のイスを2つ並べて作る〝即席ベッド〟。理由は翌朝、寝過ごすのが怖いからだということです。

残業は120時間の過労死ライン超え! でも、官僚は……

田中さんの勤務記録を教えてもらうと、なんと先月の残業時間は120時間。この3か月平均でも100時間を超えるといいます。

1か月に100時間、もしくは2~6か月平均で月80時間の残業が続く、いわゆる「過労死ライン」を超えて働くことは今やどの組織でも御法度のはず。それがどうしてなのか? 人事院などに確認すると、官僚、つまり国家公務員は民間企業と異なり、労働基準法が適用されません。

その代わり、人事院が残業時間の上限を示していますが、法的な拘束力はないため(※注)、多くの官僚が上限を超えて働いているのが実態だというのです。

（※注：２００９年に作られた従来の指針は廃止され、２０１９年４月以降「人事院規則」に格上げされ、上限の拘束力が強められましたが、民間と異なり罰則はありません。重要法案の立案や大規模災害など、やむを得ない場合は上限を超えられるとしています）

長時間労働の〝つけ〟は大きい

官僚たちの時間外勤務は年平均で３４８時間。これに対し、民間企業が１４７・６時間。２倍以上となっています。

さらにうつ病などの精神疾患で1か月以上仕事を休んでいるのは３４９５人、全職員に占める割合は１・２％ほど。厚生労働省に取材したところ、民間企業の場合、その割合は０・４％という調査結果があるそうです。

さらに、亡くなった人たちのうち、公務災害、いわゆる労災と認定されたのは、２０１６年度と２０１７年度の2年間に7人。自殺した人も４人含まれています。

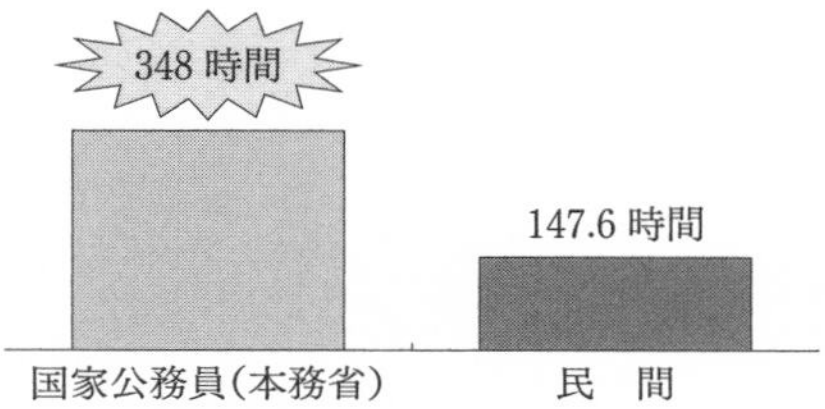

年間の平均時間外勤務（令和２年国家公務員給与等実態調査，および毎月勤労統計調査（令和２年分）より引用・作成）

「昔から忙しかったけど……」

働き方改革にはほど遠い霞が関。しかし、取材の中で気になったことがあります。それは、多くの官僚たちが勤務の過酷さ以上に、「忙しさの質」が変わったことを口にしたからです。その一部を紹介します。

(1)人手が足りない……

時代とともに行政ニーズは多様化して、仕事は増えているのに、人手が減って忙しいと感じる。育児休業など制度が充実するのはよいことだが、それで空いた人をどう埋めるかなど業務に見合った定員管理が必要だと思う。（５０代・国土交通省）

(2)政治家対応が増えた……

国会や政治家への対応、調整が増えた印象がある。そちらにより気を遣うようになり、時間も割かれることが増えた。省内で政策議論をする時間が減った。（３０代・文部科学省）

(3)勉強ができない……

今は仕事量が多すぎる。後輩にも完璧は求めていない。昔は若手含めて省令の勉強などをしていたが、それができなくなっている。（50代・経済産業省）

(4)スピード重視……

政策では、常に改革が求められるのが今。スピード感が重視され、とにかく早い対応が必要だ。調査や資料作りなど短期間でやらないといけない。（50代・内閣府）

官僚の家族の叫び

こうした過酷な労働に苦しむのは官僚本人だけではありません。

官僚夫「きょうも帰りはタクシーだ」

妻「(スタンプ泣き顔……)」

このＬＩＮＥのやりとりを見せてくれた伊藤さやかさん（仮名・３０代）。夫は３０代の官僚です。

夫と顔を合わせるのは出勤前の朝だけ。夫はいつも寝不足で体調が心配です。子どもはまだ1歳で、家族の時間を大事にしたいけど一緒にいられません。

伊藤さんは妻の立場から官僚がいかに世間から誤解されているか私に切々と訴えました。そんななか、語気を強めたのが「残業代」に話が及んだ時でした。

実際につく残業手当は3～4割ほどです。こんなに身を粉にして働いているのに理不尽に感じてしまいます。

いったいどういうことでしょうか？ 最近の給与明細を見せてもらいました。

夫は係長級職員で、国会対応などがかさみ、残業は１５8時間に上っていました。ところが、給与明細に記された残業時間は「５０時間」。実労働時間の3割ほどになっていました。

残業代には「天井」が

これってサービス残業では？　他の官僚や省庁に取材しました。すると、「国家公務員の給与は国の予算で上限が決められているからだ」という回答が返ってきました。つまり、実労働時間にあわせて、すべて残業代を支払うだけの予算がないため、少なく見積もられるのが暗黙の了解だというのです。

こうした見積もりをしているのは各課の庶務担当。本人はどのくらいの残業代がもらえるか、給料日になるまで分かりません。

さらに、予算は忙しさの度合いによって、部局に振り分けられているため、同じ省内でも残業代が付きやすいところと、付きにくいところがあるのだそうです。

本当に「高給取り」？

伊藤さんの夫の月額給与はおよそ40万円。年収は600万円ほど。額面の給与は決して少ないとは思わないと言いますが、実際の残業時間を考えると、やるせないと言います。

伊藤さんは「周りからは「安定した仕事だからいいじゃない」と言われます。しかし、あの過酷な勤務を見ているととてもそうは思えません」とつぶやきました。

官僚というと、高給取りのイメージもありますが、実際はどうなのか。国家公務員の給与に詳しい早稲田大学の稲継裕昭教授に聞いてみると、「官僚の場合、30代は年収600万円から700万円程度。局長や事務次官に上り詰めれば年収2000万円近くになります。一部の人は確かに高給取りですが、決して稼げる仕事ではないと思いますね」と言い切りました。

さらに、稲継教授はこう続けました。

東大をはじめ、官僚は有名大学を卒業している人がほとんど。学生時代の同期はコンサル業や商社、銀行など大手企業に就職している人が多い。同窓会に行って、官僚がみじめな思いをするという話もよく聞きます。ハードな仕事をしているのに、割にあわないと感じている官僚の人たちは多いと思いますね。

なるほど確かに、トップクラスの大学を出て、高い理想を持って入省するものの質量ともに過酷な勤務をしてその待遇……。いわゆる「高給取り」とは異なる印象を持ちます。

電話の最後に伊藤さんは私にこんな言葉を口にしました。

残業代すべてを支払うのが無理なことは理解していますが、そうであるなら、せめて人間らしい生活ができるように働き方を見直してもらいたいです。

子どもが欲しいが……

もう1人、別の官僚の配偶者の声を紹介します。それは、官僚の妻を持つ夫、吉岡健人さん(仮名・30)です。いま一番の悩みは、なかなか子どもを持てないことだといいます。以下は吉岡さんの話です。

一番ひどかったとき、妻は週の半分が深夜のタクシー帰り。早朝から夜中まで働いて、精神的にも体力的にも苦しそうでした。子どもが欲しいのですが、こんな状況でそもそも妊娠できるのか、できたとして、無事に産めるのか……。本当に、本当に心配でなりません。

自身も仕事をしている吉岡さんですが、料理をしたり、お弁当を作ったりと、妻の健康に気をつけてきました。

さらに、「2人で話し合い、不妊治療のクリニックに通ったんです」――こう切り出した吉岡さん。しかし治療は半年で断念したといいます。

その理由をおそるおそる尋ねると、「病院から平日の予約を指定されることが多かった。でも、妻が仕事を休むことはできませんでした。お互い泣きながらけんかになってしまうこともありましたので」とゆっくり、はき出すように話してくれました。

そして、こう続けました。

> 妻も30代前半で、いろいろ不安を抱えています。彼女につらい思いをさせたくない。こんな働き方認められますか？　国は女性活躍や働き方改善を掲げているのだから、どうにかして見直してほしいです。

専門家「政治主導の強まり」

官僚たちの繁忙感は、いったいどこからきているのでしょうか。

行政学が専門の東京大学先端科学技術研究センターの牧原出教授に話を聞いてみました。

牧原教授は、「行政改革の流れで国家公務員の数が削減されている一方で、どんどん行政ニーズは複雑かつ多様化していることが大きいですよ」と指摘しました。たしかに、国家公務員の数は、この30年ほどで54万人以上減少しました。一方で、グローバル化や少子高齢化など多くの社会課題に向き合うことが求められています。

さらに、2つめの理由には政治主導の強まりを挙げました。

2009年の民主党政権以降、官僚主導から政治主導にシフトしました。首相をトップに官邸の権限が強化され、そこで政策や方針を決定する。さらに、今の政権はスピード感を持って、短期で結果を出すことを重視しています。成長戦略や骨太の方針、特区による規制緩和など重要な政策課題を矢継ぎ早に打ちだしました。結果的に、官僚は下から練り上げた政策案を示すのでなく、上から降りてきた方針を短期で進めることを求められています。政治家や関係者の調整、資料作りに走り回っているのはそのためです。同じ忙しいといっても、ずいぶんその内容が変わっているのではないでしょうか。

この指摘に大いにうなずいた私。最後に「今、彼らに声をかけるとしたら何でしょう」と聞いたところ、牧原教授は「今の形は彼らのモチベーションを相当削いでいるでしょうね」と口にしたあと、「常に時代の先を読みながら知恵をつけることがこれまで以上に求められていると思います」と締めくくりました。

02

官僚女子もつらい！

2019年5月

荒川真帆

結婚したい、子どもも欲しい、仕事も続けたい――。漠然とつきまとう不安。働く女性たちが抱える悩み、官僚も例外ではないようです。

女子の悩みは官僚も一緒

「霞が関のリアル」取材班には、女性の現役官僚や元官僚からも多くの投稿が寄せられています。そんな皆さんが必ず口にすることがありました。

結婚して家庭を持てるか不安……。（20代女性）
ママになると暇ポスト多い……。（30代女性）
子育て支援制度はあるのに、使えない。（30代女性）

つまり、女性官僚として働き続けることの難しさです。同じ女性としてひと事には思えません……。

でも一体、何が壁になっているのでしょうか。

制度あるのに、使えない！

まず、最も多いのが子育てと仕事の両立です。

その1人、木下綾さん(仮名・30代)。去年、悩んだ末にキャリア官僚を辞めました。理由を聞くと、少し悔しそうにこう言いました。

子どもが1歳になり育休から復帰したのですが、1か月でもうダメだと思いました。子育ての支援制度はあるのに、実際にはとても使える状況ではなかったんです。

これはどういうことでしょうか？

実は霞が関、育児や介護と仕事を両立するための支援制度はかなり充実しています。育休は3年まで取れるほか、男性の〝産休〟や、フレックスタイム制も何年も前から整備され、民間と比べても進んでいます。

木下さんが復帰したのは国会業務や制度改正も抱える部署。仕事の内容や帰宅時間などあらかじめ上司に相談したうえ、「育児時間」という制度を申請しました。

1日の正規の勤務時間（＝7時間45分）のうち、2時間を上限に勤務を減らせる仕組みです。木下さんもこの制度を利用すれば、早めに仕事を切り上げ、午後6時には子どもを保育園に迎えに行くことができると考えていたそうです。しかし、実際はうまくいきませんでした。

とにかく帰れませんでした。自分の仕事を他の人に代わってもらえず、とても帰れる雰囲気ではなかった。夫も単身赴任なので、仕方なく離れて暮らす母に無理を言って代わりにお迎えに行ってもらうことが頻繁にありました。

何とか迎えには行くことはできても、仕事はほぼ自宅に持ち帰っていたという木下さん。子どもの食事、お風呂を済ませて寝かしつけたあと、再び職場に戻った夜もあったといいます。

子どもが熱を出した朝。休みにしようと連絡すると、応対した同僚から「課長も自分も○○

の対応がある。木下さんがこなければ△△のレクは誰がやるんですか？」という返答が。やむなくまた母を頼って子どもを預け、仕事に出たといいます。

深夜2時に部下から問い合わせがくることもありました。体もきついし、精神的にも追われている感じがして。何より子どもに対してイライラが募ってしまっていると気付いた時、これは悪循環だと感じました。もうこの職場にはいられないなと思い、退職という選択をしました。

聞いていて、やるせない思いが募りました。立派な制度だって、それが使えなければ意味がないじゃないかと。

そこで、人事院にこの「育児時間」を利用した女性職員の割合はどの程度なのか取材しましたが、「取得率までは調査していない」とのことでした。

また、自宅で仕事ができる「テレワーク」制度もありましたが(取材当時)、木下さんによると、申請をしても「前例がない」などと実際には認められなかった同僚もいたということです。

官僚を辞めた木下さん。働きながら子育てができる環境を求めて転職した先は、地方自治体の公務員でした。最後に、木下さんはこう訴えました。

霞が関では、深夜まで働くことができなければ戦力ではないと見なされ、小さな子どもを抱えていても出産前と遜色ない働き方をしなければいけないと当事者に思わせてしまう。今、女性職員の採用を増やしていますが、中身が変わらなければ何の意味もなさないと思います。

子どもはいないのですが……言い出せない悩み

もう1人、別の女性官僚を紹介します。文部科学省に勤務する40代の女性官僚。今は補佐級職員です。

「子どもがいない女性こそ、なかなか言い出せないこともある」と話します。実は彼女、普段の取材から付き合いがある方でした。いつも朗らかな笑顔で、教育への思いも熱い素敵な女性です。

「今まで何に悩んできたか、聞かせてほしい」と頼み、喫茶店で待ち合わせると、これまでの「悩み」をメモにまとめてくれていました。それを見て、返す言葉を失ってしまいました。

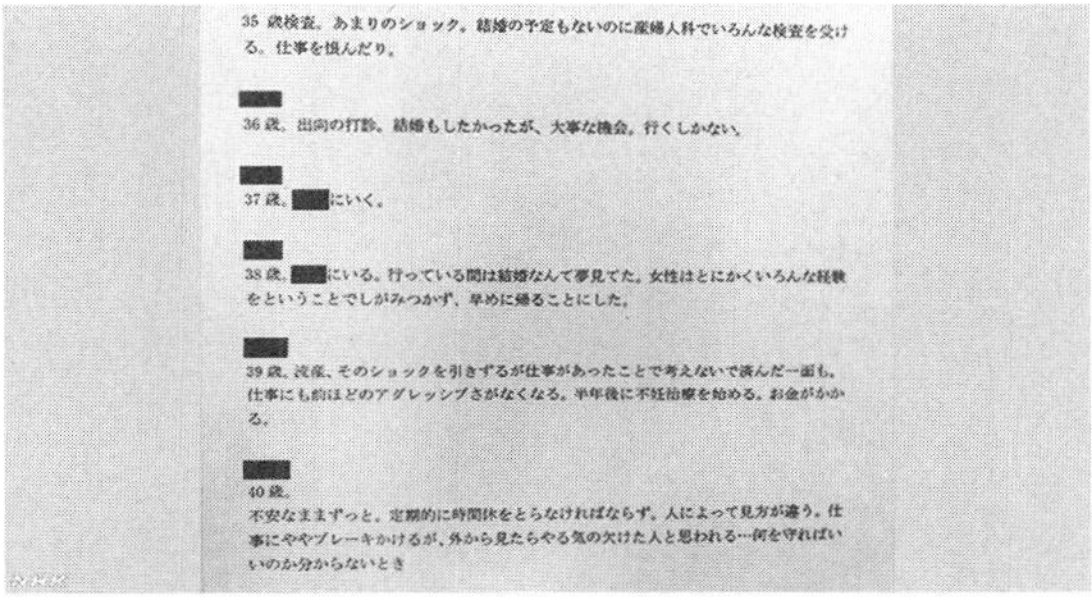

35 歳検査。あまりのショック。結婚の予定もないのに産婦人科でいろんな検査を受ける。仕事を恨んだり。

[redacted]
36 歳。出向の打診。結婚もしたかったが、大事な機会。行くしかない。

[redacted]
37 歳。[redacted]にいく。

[redacted]
38 歳。[redacted]にいる。行っている間は結婚なんて夢見てた。女性はとにかくいろんな経験をということでしかみつかず、早めに帰ることにした。

[redacted]
39 歳。流産。そのショックを引きずるが仕事があったことで考えないで済んだ一面も。仕事にも前ほどのアグレッシブさがなくなる。半年後に不妊治療を始める。お金がかかる。

[redacted]
40 歳。
不安なままずっと。定期的に時間休をとらなければならず、人によって見方が違う。仕事にややブレーキかけるが、外から見たら気の欠けた人と思われる…何を守ればいいのか分からないとき

女性官僚が実際に用意してくれたメモ

36歳。（地方）出向の打診。

結婚もしたかったが、大事な機会。行くしかない。

39歳。（結婚）流産、そのショックを引きずる……半年後に不妊治療を始める。

40歳。不安なままずっと。……仕事にブレーキかけるが、外から見たらやる気の欠けた人と思われる。


そこには、普段の彼女からは想像できない思いが淡々とつづられていました。それについて思い切って聞いてみました。

30代前半はプライベートは何も考えられないくらいの忙しさでした。やりがいがあったし本当に面白いのですが、35歳の時、結婚の予定もないのに産婦人科で色んな検査を受けたら結果が悪くて。体に無理がかかっているんだと、仕事や自分自身を恨んだこともありました。仕事にかけたい気持ちもある一方で、どこまで自分を守ったらいいのか、とにかく葛藤してきました……。

2年前に結婚したあと、「どうしても子どもがほしい」と思い、上司や周囲にも相談し、不妊治療に通いました。仕事の調整は難しいことも多々ありましたが、この春、妊娠がかないました。喜びの一方で、複雑な表情を浮かべた彼女は、こんな風にも話してくれました。

実は不妊治療を隠している女性も結構います。でも夜中の2時まで働いていたり、治療が叶わなかったりする人もいます。様々な理由で中絶した人もいます。「周りは頑張ってるのに自分のことで迷惑かけるのは申し訳ない」「なまけてると思われたくない」とか、罪悪感や後ろめたさを抱えている人が少なくないんです。霞が関の働き方は簡単には改善されないかもしれないけど、子どもがいなくても複雑な気持ちを抱えている女性がいることを少しでも理解してほしい。当事者の女性たちには、思い切って周囲に話してみてほしいです。意外と周りに協力してくれる人はいますから。

取材中、女性官僚たちの発する言葉は、そのまま自分にも突き刺さるようで、何度も、メモする手が止まりました。

「女性活躍」掲げるけれど……

国家公務員の女性採用は年々増加しています。女性の働き方をどう改善するかは民間でも大きな課題となっていますが、旗振り役であるはずの霞が関では、その問題がいっそう浮き彫りとなっています。

本省の課長・室長相当の管理職のうち、女性が占める割合は4・9%。これでも10年間で2倍以上に増えたそうですが、民間ではその割合は10・9%。倍近く、開きがあります。

各省別にみても、消費者庁は16・1%、文科省は11・7%などと民間を上回るところがある一方で国交省は1・5%、総務省は1・8%など低いままのところも。組織によってずいぶん事情が異なるようです。

	女性割合(%)(平成30年7月1日現在)
内閣官房	6.6
内閣法制局	0.0
内閣府	6.5
宮内庁	2.3
公正取引委員会	7.7
国家公安委員会(警察庁)	1.2
個人情報保護委員会	13.3
金融庁	6.0
消費者庁	16.1
復興庁	0.0
総務省	1.8
法務省	8.3
外務省	6.2
財務省	4.8
文部科学省	11.7
厚生労働省	8.0
農林水産省	3.8
経済産業省	9.2
国土交通省	1.5
環境省	6.2
防衛省	2.0
人事院	12.1
会計検査院	3.5
合計	4.9

府省等別女性国家公務員管理職登用状況(本省課室長相当職)

専門家はどう見る

こうした現状をどう見るか。2016年、霞が関の働き方改革について提言を行った「ワーク・ライフバランス社」の社長、小室淑恵さんを訪ねました。

この時行政改革の担当大臣だった河野太郎氏は、「霞が関の働き方が変わったぞ、と言われるように責任を持ってやっていきたい」とかなり前向きな発言をしたそうですが、その後、好転の兆しは見られますか？ と尋ねました。

管理職に部下の労働時間を管理する意識がうまれたり、若手から働き方改善に取り組む動きが出てきたりと、少しずつ変化は出てきています。でも、以前は「ものすごく異常な働き方が「異常」になったくらいで、全くぬるい。まだまだです！

「なぜ霞が関は変わらないのか」と聞くと……。

まず「永田町」との関係が大きな壁ですね。国会質問が23時過ぎに出てきたり、遅い時間に様々なレクが入ったりと、深夜の時間帯の国会対応がこなせる人材かどうかが女性にとって踏み絵になってしまっていますね。結婚して子どもができても、子どもを産む前と同じくらい働くことができなければ戦力外に見なされてしまう。暇なポスト、いわゆる「ママキャリア」の枠に入れられてしまいます。昇進できるのは結果的に国会・深夜業務ができる人に限られてくる。そうすると、「ロールモデル」とされる人も出づらくなっているのではないでしょうか。

代行不能な「仕事の属人化」

さらに、小室さんは別の「壁」の存在も指摘しました。

霞が関の官僚は仕事が「属人化」している場合が多いです。1人で情報や仕事を抱え込み、結果的にほかの人では代行がきかず仕事を手放せない。子どものお迎えなどで早く仕事を切り上げようとしても、じゃあそれ誰がやるの、あなたしかやれないよねということになってしまう。ほかにも、アナログ文化や非効率業務が多いなど様々な要因が絡み合っていますが、支援制度があっても使えないというのはそういうことではないでしょうか。

確かに、先ほどの木下さんのケースでも、仕事の属人化が仕事を減らせない一因となっていました。もちろんこれを専門性だと言う人もいるかもしれませんが。

では、どうしたらいいのでしょうか。小室さんはこう提言しました。

仕事の属人化を極力やめて、情報を見える化、共有化するなど、特定の人だけができる仕事にしないことが大事です。そうすればチームとして仕事が回せるようになり、短時間勤務の人もしっかり能力を発揮できます。そのためにクラウド化やITツールを入れるなどハード面の整備も重要だと思います。

そして、最後に小室さんが指摘したこの言葉こそ問題の本質だと思いました。

ママ職員だけを早く帰れるようにしても必ず失敗します。その分、残業ができる人に仕事がどんどん回って負担の付け替えになるだけ。子どものいる女性だけでなく、男性も含めて組織全体を見渡し何が長時間労働の原因なのか、意識だけでない「構造」に本気で目を向ける必要があります。

03

厚生労働省で妊婦が深夜3時まで残業!?

2019年5月

松尾恵輔・福田和郎

霞が関の働き方について取材を続ける私たちに、厚生労働省で「妊娠中の職員が深夜3時まで残業している」という情報が。調べてみて驚きました。

働き方改革の旗振り役なのに……

ふだん厚生労働省を取材している私たちには、これまでも職員から働き方をめぐる悲痛な声が届いています。

働き方改革と言われても、仕事が全く減らず上司がキレていた。（20代男性）
もう限界かもしれません。（30代男性）
霞が関は働き方改革においていかれる。（20代女性）

霞が関の異常な働き方は、厚生労働省に限ったことではなさそうです。でも、おかしいと思うのは、やはりこの省が働き方改革の旗振り役だからです。大企業の場合、2019年4月から時間外労働の上限が月100時間未満となり、罰則も設けられたというのに……。

妊婦が午前3時まで！

実際、省内の取材を進めると、驚きの実態が明らかに。

ある課では、妊娠中の女性職員が午前3時を過ぎても働いていました。彼女は国会待機や法案の対応をしていました。そのため月の半分以上、午後10時以降まで仕事をし、タクシーで帰宅する日が続いたといいます。

女性も、「妊娠しているため勤務を配慮してほしい」と訴え上司も人事課に増員を求めていました。

しかし、「不祥事の対応などに人を割いているため増員はできない」として、改善はみられなかったといいます。

女性を知る４０代の職員は「少子化対策をしている厚生労働省で妊婦を守れないのはシャレにならない。もし体に影響があったら、どうやって責任を取るんだ」と憤りをあらわにしていました。

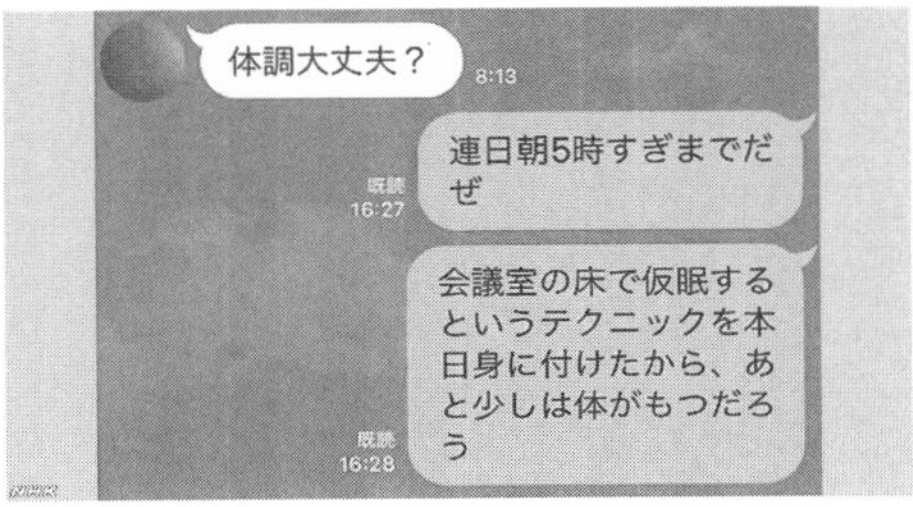

体調大丈夫？
8:13
連日朝5時すぎまでだぜ
既読
16:27
会議室の床で仮眠するというテクニックを本日身に付けたから、あと少しは体がもつだろう
既読
16:28

古田さん（仮名）が残していたLINEのやりとり

職場で倒れた人も

さらに、過度な残業で体調を崩した人もいました。

３０代の古田一郎さん（仮名）は仕事中に意識を失って、倒れた経験があります。

> ある夜、翌日の国会に向けた準備を進めているときに、急に意識がなくなり、床に倒れました。気付いたら周りで、同僚たちが心配そうに顔をのぞき込み、自分の名前を呼んでいました。体力には自信があったんですが……。

当時は国会対応で、自分の働く部署にあす質問があるかどうか分かるまで、帰ることができませんでした。質問が決まっても、1つの行、段落を書くだけで決裁や協議が必要になり、帰宅が朝になることも。残業は月平均100時間以上が当たり前でした。

残業が長い時は、上司が翌日の勤務開始を遅らせる配慮をしてくれたといいますが、蓄積した疲労は回復しないといいます。

古田さんは、自身の経験を振り返り、こんな言葉を漏らしました。

> いかに労働時間を減らそうとしても、国会の会期中などは無理。働き方改革と言っている自分たちがいちばん実感がない。

時間外の在庁が月100時間超 なんと374人!!

いったい、この省ではどのくらいの残業が行われているのか?

ちなみに人事院が公表している国家公務員の時間外勤務は年平均350時間です。

しかし職員らは、「そんなに少ないはずはない」と口にします。取材を進めていると、私たちに1枚の内部資料が寄せられました。手にして思わず、ため息が。それがこちら（次頁）です。

紙には、２０１９年２月の厚生労働省の部署ごとの平均の退庁時間や在庁時間が記録されていました。

そこには、時間外の在庁時間が月１００時間を超える職員が３７４人に上ると記されています（在庁時間は職員ＰＣのログイン・ログオフ等で管理、一般企業の在社時間に相当）。

局ごとに見てみると、障害者雇用や雇用保険の支払いなどを担当する「職業安定局」が５８人、統計問題担当が５３人、児童虐待防止法を担当する「子ども家庭局」が３２人など。

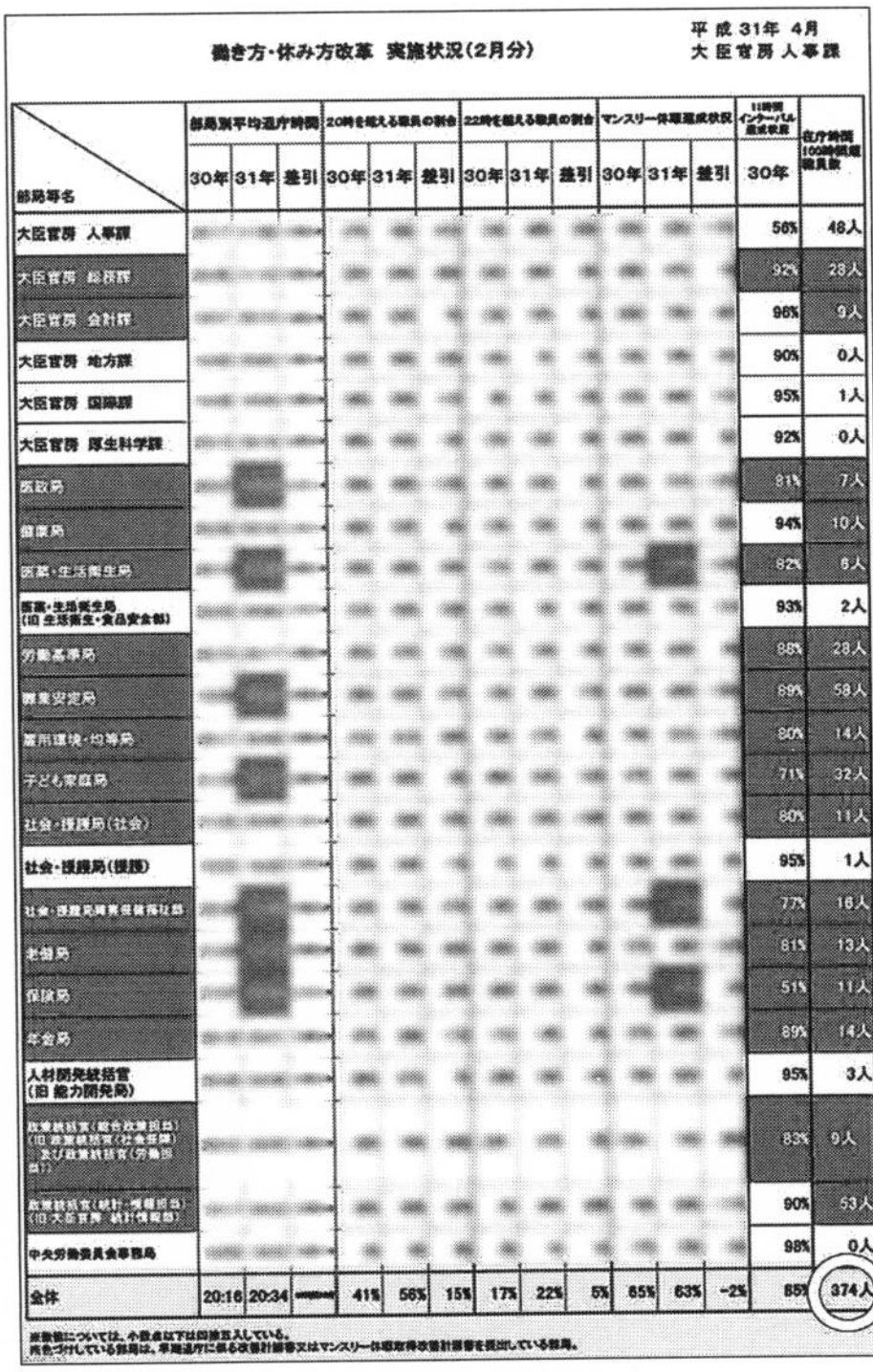

働き方・休み方改革　実施状況（2月分）

平成31年 4月
大臣官房人事課

部局等名	部局別平均退庁時間 30年	31年	差引	20時を超える職員の割合 30年	31年	差引	22時を超える職員の割合 30年	31年	差引	マンスリー休暇取得状況 30年	31年	差引	11時間インターバル達成状況 30年	在庁時間100時間超職員数
大臣官房 人事課	[illegible]	[illegible]	[illegible]	[illegible]	[illegible]	[illegible]	[illegible]	[illegible]	[illegible]	[illegible]	[illegible]	[illegible]	56%	48人
大臣官房 総務課	[illegible]	[illegible]	[illegible]	[illegible]	[illegible]	[illegible]	[illegible]	[illegible]	[illegible]	[illegible]	[illegible]	[illegible]	92%	28人
大臣官房 会計課	[illegible]	[illegible]	[illegible]	[illegible]	[illegible]	[illegible]	[illegible]	[illegible]	[illegible]	[illegible]	[illegible]	[illegible]	96%	9人
大臣官房 地方課	[illegible]	[illegible]	[illegible]	[illegible]	[illegible]	[illegible]	[illegible]	[illegible]	[illegible]	[illegible]	[illegible]	[illegible]	90%	0人
大臣官房 国際課	[illegible]	[illegible]	[illegible]	[illegible]	[illegible]	[illegible]	[illegible]	[illegible]	[illegible]	[illegible]	[illegible]	[illegible]	95%	1人
大臣官房 厚生科学課	[illegible]	[illegible]	[illegible]	[illegible]	[illegible]	[illegible]	[illegible]	[illegible]	[illegible]	[illegible]	[illegible]	[illegible]	92%	0人
医政局	[illegible]	[illegible]	[illegible]	[illegible]	[illegible]	[illegible]	[illegible]	[illegible]	[illegible]	[illegible]	[illegible]	[illegible]	81%	7人
健康局	[illegible]	[illegible]	[illegible]	[illegible]	[illegible]	[illegible]	[illegible]	[illegible]	[illegible]	[illegible]	[illegible]	[illegible]	94%	10人
医薬・生活衛生局	[illegible]	[illegible]	[illegible]	[illegible]	[illegible]	[illegible]	[illegible]	[illegible]	[illegible]	[illegible]	[illegible]	[illegible]	82%	6人
医薬・生活衛生局（旧 生活衛生・食品安全部）	[illegible]	[illegible]	[illegible]	[illegible]	[illegible]	[illegible]	[illegible]	[illegible]	[illegible]	[illegible]	[illegible]	[illegible]	93%	2人
労働基準局	[illegible]	[illegible]	[illegible]	[illegible]	[illegible]	[illegible]	[illegible]	[illegible]	[illegible]	[illegible]	[illegible]	[illegible]	88%	28人
職業安定局	[illegible]	[illegible]	[illegible]	[illegible]	[illegible]	[illegible]	[illegible]	[illegible]	[illegible]	[illegible]	[illegible]	[illegible]	89%	58人
雇用環境・均等局	[illegible]	[illegible]	[illegible]	[illegible]	[illegible]	[illegible]	[illegible]	[illegible]	[illegible]	[illegible]	[illegible]	[illegible]	80%	14人
子ども家庭局	[illegible]	[illegible]	[illegible]	[illegible]	[illegible]	[illegible]	[illegible]	[illegible]	[illegible]	[illegible]	[illegible]	[illegible]	71%	32人
社会・援護局（社会）	[illegible]	[illegible]	[illegible]	[illegible]	[illegible]	[illegible]	[illegible]	[illegible]	[illegible]	[illegible]	[illegible]	[illegible]	80%	11人
社会・援護局（援護）	[illegible]	[illegible]	[illegible]	[illegible]	[illegible]	[illegible]	[illegible]	[illegible]	[illegible]	[illegible]	[illegible]	[illegible]	95%	1人
社会・援護局障害保健福祉部	[illegible]	[illegible]	[illegible]	[illegible]	[illegible]	[illegible]	[illegible]	[illegible]	[illegible]	[illegible]	[illegible]	[illegible]	77%	16人
老健局	[illegible]	[illegible]	[illegible]	[illegible]	[illegible]	[illegible]	[illegible]	[illegible]	[illegible]	[illegible]	[illegible]	[illegible]	81%	13人
保険局	[illegible]	[illegible]	[illegible]	[illegible]	[illegible]	[illegible]	[illegible]	[illegible]	[illegible]	[illegible]	[illegible]	[illegible]	51%	11人
年金局	[illegible]	[illegible]	[illegible]	[illegible]	[illegible]	[illegible]	[illegible]	[illegible]	[illegible]	[illegible]	[illegible]	[illegible]	89%	14人
人材開発統括官（旧 能力開発局）	[illegible]	[illegible]	[illegible]	[illegible]	[illegible]	[illegible]	[illegible]	[illegible]	[illegible]	[illegible]	[illegible]	[illegible]	95%	3人
政策統括官（総合政策担当）（旧 政策統括官（社会保障）及び政策統括官（労働担当））	[illegible]	[illegible]	[illegible]	[illegible]	[illegible]	[illegible]	[illegible]	[illegible]	[illegible]	[illegible]	[illegible]	[illegible]	83%	9人
政策統括官（統計・情報担当）（旧大臣官房 統計情報部）	[illegible]	[illegible]	[illegible]	[illegible]	[illegible]	[illegible]	[illegible]	[illegible]	[illegible]	[illegible]	[illegible]	[illegible]	90%	53人
中央労働委員会事務局	[illegible]	[illegible]	[illegible]	[illegible]	[illegible]	[illegible]	[illegible]	[illegible]	[illegible]	[illegible]	[illegible]	[illegible]	98%	0人
全体	20:16	20:34	[illegible]	41%	56%	15%	17%	22%	5%	65%	63%	-2%	85%	374人

※数値については、小数点以下は四捨五入している。
※色づけしている部局は、早期退庁に係る改善計画書又はマンスリー休暇取得改善計画書を提出している部局。

記者が入手した厚生労働省の勤務記録

重要な政策や不祥事の対応に追われた部署が目立って多くなっていました。

本省で働く職員は３８００人ほど。そのおよそ１割が、時間外に月１００時間を超えて、在庁している実態。さすがにおかしくないですか？

人事院に直撃!! 何で休めないの?

そこで人事院に取材しました。すると、こんな回答でした。

国家公務員には、労働基準法は適用されていません。つまり民間と同様の長時間労働の規制はあてはまりません。

国家公務員の働き方を規定しているのは、人事院規則です。

この規則は、2019年度の働き方改革のスタートにあわせて見直され、残業の上限も原則月45時間と明記されました。

しかし、民間企業と違って罰則はありません。しかも、他律的な業務の比重の高い部署は月100時間未満の超過勤務が行えるという例外規定もあります。その部署をどこに定めるかも各省庁に委ねられているため、過度な勤務をどこまで規制できるのか、疑問が残ります。

専門家「人員増やすのもタブー視するな」

専門家にも意見を求めました。日本総合研究所の山田久主席研究員です。山田さんは厚生労働省が開いた働き方検討会の委員も務め、厚生労働省の職員についてよくご存じです。

こちらの問題意識を伝えると、少し考えたあと、こんな意見を口にしました。

確かに働き方改革を進める厚生労働省が模範を示すべきだという思いは理解できますしそうあるべきです。しかし、働いている職員の実態をみると極めて難しい。公的セクターとして、行政サービスを提供する義務と国会対応などの政治ニーズ。いずれの業務量も増えていますからね。

そのうえで、改善に向けては次のように提言しました。

まずは仕事の効率化を。電子化やデジタル化を本気で進めていくことが必要だ。しかし、財政事情が厳しく人員が抑制されているので、現場は限界に近いです。税金を入れるという話なので難しいかもしれないが、人員を増やすこともタブー視をせずに議論すべき時期に来ているのではないでしょうか。

国会が開かれると、厚生労働省の地下にあるコンビニは、夜遅くまで夜食を買い求める人であふれかえります。終電がなくなっても、目をこすりながら働き続ける職員を「国家公務員だから」とか、「労働基準法による規制がないから仕方がない」と切って捨てることはできないと感じます。

04

この春、霞が関やめました」

2019年4月

荒川真帆・松尾恵輔

満開の桜のもと、2019年も霞が関の各省庁で入省式が開かれ、多くの新人官僚がキャリアをスタートさせました。一方、そんな季節に、若手官僚からこんな声も届きました。「霞が関、やめました」。いったいなぜ?

私もかつて官僚でした……

「霞が関のリアル」取材班に声を寄せてくれた人たちの中には、「元官僚」と名乗る人たちが多くいました。

内閣府で働いていましたが、辞めました。（30代女性）
農水省の元キャリア官僚です。（30代男性）
外務省で働いていました。（30代）

多くが20代、30代という若手たちです。これから霞が関を支えていく世代がどうして辞めたのでしょうか。

「憧れ」の仕事だったけど……

メールをくれたひとりの元官僚を訪ねました。大久保絵里さん（仮名・20代）です。実は大久保さん、この春、霞が関を去る決断をしたばかりです。

ものすごく悩みました。ずっとやりたかった仕事を手放していいのかと……。でもこれ以上この場所で働こうとは思えなくなってしまった。

官僚は中学生の頃から憧れた仕事だったといいます。
学生時代は、法律や制度を作る場で、多くの人の役に立ちたいと努力を重ね、難関の国家公務員試験を突破。第1志望の官庁に入省したのは、わずか数年前のことでした。

「苦労して手にした官僚の職をどうして……」

こう聞いたところ、彼女が最初に挙げた理由は「長時間勤務」でした。


この3月である省のキャリア官僚(総合職事務系)を退職し、[redacted]転職する者です。[redacted]そういう思いを持って入省し、その思いは変わっていないもののあまりの激務に心が折れてしまい人間らしい生活を取り戻すために転職を決意しました。

元官僚の大久保さん(仮名)からのメール

終わりなき長時間労働

大久保さんが担当したのは国会対応や法改正などの仕事。月の残業は多い時、200時間に及んだといいます。朝5時まで仕事をして一旦帰宅。そのまま午前9時半に出勤する日も。寝坊するのが怖くて、遠く離れた実家の両親にモーニングコールをお願いしたそうです。

今回の取材で話を聞いた官僚の多くが霞が関を去った理由として、同じくこの長時間勤務を理由に挙げていました。働き方改革を主導する霞が関でこんな働き方が続いているのは、やはり違和感があります。

相次ぐ不祥事対応

さらに、大久保さんが挙げたもう1つの理由が、役所の不祥事対応でした。

数年来、不祥事が相次ぐ霞が関。大久保さんがいた省庁もその1つでした。追及に荒れる国会の仕事に否応なく巻き込まれます。

調査などの特命チームが省内に設けられました。不祥事に関係のない職員がたくさん駆り出され、全員が忙しさに耐えているのはとても辛かったです。幹部が国会で謝ったり答弁でなじられたりする姿を後ろから見ていて「将来こういう風にはなりたくない……」と思ってしまった。

周りの先輩は「いつでも相談して」と気遣ってくれたといいますが、その疲弊しきった姿を見ると、声をかけることもはばかられました。
結局、夢だった仕事に見切りをつけて、民間企業に転職を決めました。最後に「未練はありませんか?」と聞くと、大久保さんは少し間を置いてこう答えました。

霞が関ほど世の中にインパクトを与えられる仕事ができる場はないかと。でもあれほど自分の身を削ってまでやりたいことかというと違うなと……。

異動ばかりで専門性が高められない

一方、大久保さんとは違う理由で辞めた人もいました。

教育関係のベンチャー企業に勤めている谷詩織さん(仮名・38)。2年前まで総務省の官僚でした。

辞めた理由を聞くと、谷さんは「外の方が社会貢献できると思ったから！」と明るく即答しました。

情報分野で社会に貢献したいと思っていたという谷さん。

ところが、担当する部署は一貫性なく関係ないところばかり。文書審査の担当になった時は、省内のあらゆる文書を、細かいルールに基づき審査する日々で、どうしてもやりがいを見いだせませんでした。

しかも、毎年のように担当が変わり、専門性を高めることも難しかったといいます。

> 人材育成を人事は考えてくれていると思っていたけど、そうでもなかった。人手不足の部署や、年次的にどのポストが妥当かを当てはめているように感じた。自分のキャリアアップが見通せなくて。

関心があった情報系の部署に異動できたのは10年近くたってから。そこで、勉強に励み、新たに資格もとるなど刺激的な日々を送るようになると、異動によってせっかく蓄えた知識が生かせなくなるのが惜しくなったといいます。

「だったら霞が関にこだわらなくても……」

一念発起して霞が関を飛び出し、いまの会社に転職しました。子どもたちにプログラミング教育を提供したり、自治体でIT人材の育成を支援したりするのが仕事です。

国は確かに法律や予算という大きなものを動かしていますが、そこに暮らす人たちの反応が見えづらいんです。今は、子どもの成長を感じられたり、自治体から直接感謝されるので全然違います。正直給料は下がりましたし、仕事も官僚時代よりきついですけど、無力感がなく、つらくないですね。

と、谷さんはきっぱりいいました。

霞が関の外にやりがいを見いだした谷さん。その声からは充実感が漂っていました。

1年間で何人辞めたのか？

実際、霞が関ではどのくらいの若手が辞めているのでしょうか?

人事院に取材すると、そうしたデータはすぐには出せないといいます。どうしてなのか?「個別に公表する了解を各省庁から得ていないため」だからだそうです。

取材でわかった5つの省の結果です。2018年度、各省で辞めた30代以下の官僚(事務職)は、以下のとおりです。

▼総務省が14人(男8、女6)
▼国土交通省が8人(男3、女5)
▼厚生労働省が6人(男2、女4)
▼文部科学省が6人(男4、女2)
▼防衛省が2人(男1、女1)

省庁の規模にもよりますが、毎年、総合職の事務職で入省する職員は20人から30人前後。それがこれだけ辞めてしまうのは痛手なのでは?

ある省庁の幹部はこう答えました。

痛手どころか国家として大きな損失。いずれも採用試験で、10倍以上の倍率をくぐり抜けた優秀な人材。流出が続けば、将来、危ういと思う。霞が関が変わらないと、離職に歯止めがかからないという危機感がある。

また別の幹部はこうも話します。

以前から辞める人は一定数いたけれど、その理由が変わってきている気がする。政策立案や議論する時間がなく、官僚として働く魅力がないと感じている若手が多いのでは。

専門家にも聞いてみました。霞が関や民間の働き方改革に詳しい慶應義塾大学大学院の岩本隆特任教授です。岩本特任教授によると、若手官僚の離職率はここ数年、増加傾向にあるといいます。

そして、その背景について次のように指摘しました。

調整や資料作成業務などが多く長時間労働の割に業務内容がクリエーティブでない。さらに、今は転職も珍しくなくハードルも高くない。現状にやりがいが見いだせなければ外に出る選択をするのではないでしょうか。

05

心身病む官僚たち

2020年3月

荒川真帆

「一緒に仕事をする同僚たちが相次いで休職した」(30代女性)
「官舎を訪ねたら、官僚の息子がベッドの上で亡くなっていた」(71歳母親)
これは不眠不休で働く官僚たちのリアルな姿です。

同じ課で一度に4人が……

ある省庁に務める30代の女性が、自分の課で起きた出来事を語ってくれました。

2年間に、4人の同僚が「うつ」の診断で休職しました。なかには親しかった新人の女性官僚もいました。国会対応などで、午前3時、4時の帰宅が当たり前の時期でした。ランチに行く暇もなく、私も全く悩みを聞いてあげられなかったです……。

これまで霞が関の激務については繰り返しお伝えしてきましたが、一度にこれだけ休職してしまうとは深刻な問題です。しかし、他の官僚たちに聞いてみると、こうした事態に慣れているのか、意外なほど冷静な反応でした。

正直、驚かないです。(20代)
ああ、あの人もなってしまったか……。(30代)
あすはわが身か、とは思います。(30代)

つらいと言えなかった

そんな中、取材当時休職中だった20代の女性官僚から、「霞が関のリアル」サイトに、こんなメール(次頁)が送られてきました。

「もっと詳しく話を聞かせて欲しい」と頼んだところ、まだ本調子でない中、取材に応じてくれました。

彼女が体に変調をきたしたのは入省してまもなく。配属された局の筆頭課で国会対応にあたっていたさなかでした。激務に加え、「指導係」だった先輩の係長は他部署への応援で不在でした。ほかの先輩がフォローしてくれたこともありましたが、近くに相談できる人がおらず、悩んだといいます。

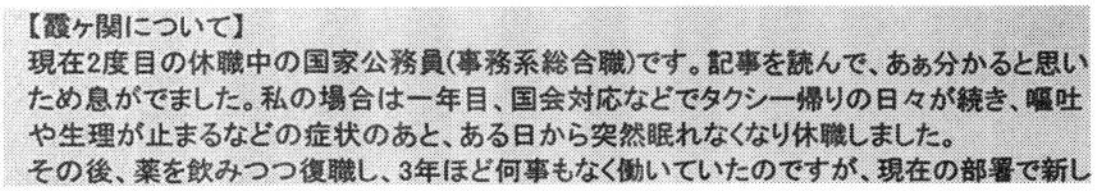
【霞ケ関について】
現在2度目の休職中の国家公務員(事務系総合職)です。記事を読んで、あぁ分かると思いため息がでました。私の場合は一年目、国会対応などでタクシー帰りの日々が続き、嘔吐や生理が止まるなどの症状のあと、ある日から突然眠れなくなり休職しました。
その後、薬を飲みつつ復職し、3年ほど何事もなく働いていたのですが、現在の部署で新し

休職中の女性官僚(20代)から送られてきたメールの一部

部屋全体が忙しかったこともあったと思いますが、新人だったのに、上司から、「法令ブック読んだことある?」「こんなことも研修でやらないの?」と言われました。膨大な細かい作業を、どうさばけばいいのか要領が分からず、本当につらかったですね……。

遅い時は、朝5時半まで働き、省内に泊まることもあったといいます。働き始めて10か月。おう吐などに悩まされた末、医師から「抑うつ状態」と診断されました。いったん復職したものの、現在も休職しているといいます。彼女に、「どうしてそこまで自分を追い込んでしまったか」と尋ねると、しばらく考えてこう答えました。

本当はもう自分では無理だと思っていました。でも、先輩や同期も残業120時間、140時間と働いている人もいるなかで、自分だけが働かない選択肢はありませんでした。「みんなやっているのだから」と無意識に我慢していたと思います。

職場に戻ることなく……

取材を続けると、メンタルの問題で休職を繰り返し32歳の若さで病死した官僚もいました。

2007年に、25歳で念願だった省庁に入省した当時は「国の仕事に携われる」とやる気に満ちていたといいます。当時の同僚も、「責任感が強く課内でも明るいムードメーカーのような存在でした」と証言しました。しかし、激務が続く中、母親にこんなメールを送るようになりました。

部署が半年前に変わり毎日大変です。おおげさに聞こえるかもしれませんが、死ぬほどきつくて、……転職できるならしたいぐらいです。（メール：午前1時50分受信）

数か月後、この若手官僚は医師から「適応障害」の診断を受けて休職します。いったん復職しましたが、体調はもとに戻りませんでした。

そして、2015年9月。母親が息子に食事を届けに官舎の部屋を訪ねると、息子はベッドで横になっていました。寝ているだけかと思いましたが、もう息をしていませんでした。くも膜下出血でした。

取材に対して、母親は声を振り絞って、こう答えました。

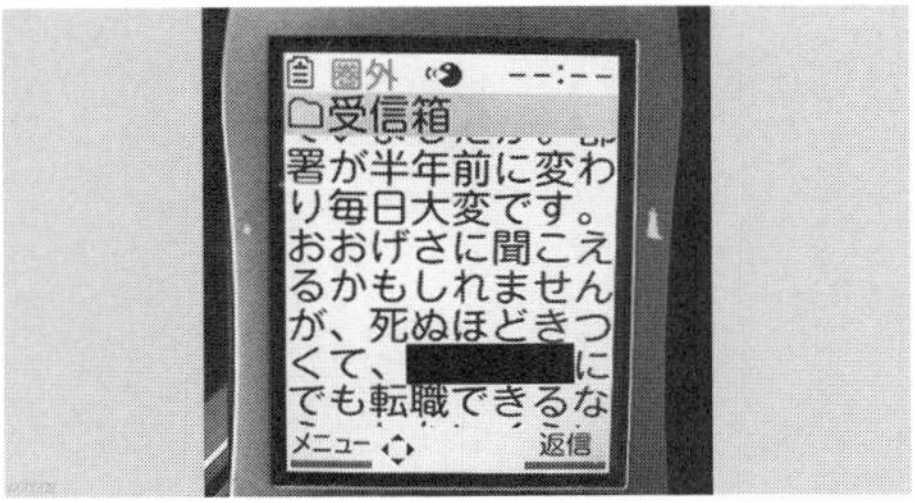

亡くなった官僚が母親に送ったメール(当時の画面)

> 息子は誕生日にはメールをくれたり、気遣いのある子でした。省庁試験に合格した時は、私も泣いて喜びました。息子が病気になったのは、仕事の負荷が関係していたのではないかと思うんです。どうしてここまでの事態になってしまったのか、今も納得いかないのです……。

自死から5年たっての申請

なかには、「親不孝な息子で本当にごめんなさい」と記した遺書を残して自殺した総務省の官僚もいました。亡くなる前の残業時間は過労死ラインを大きく超える月135時間に上っていました。

この官僚の死は2019年9月、厚生労働省で開かれた記者会見で明らかにされました。代理人の弁護士は、男性の死を公務災害と認めるよう総務省に申し入れたといいます。

「なぜ5年たった今、申請をしたのだろうか」

私はそう思いつつ、配付された資料に目を落とすと、こう記されていました。

「被災者は、2014年3月26日頃自死。……遺族の意向により、被災者の死亡が業務に起因するかどうか、総務省内において多少の調査が行われたが、結局、あいまいなまま放置されてきた」

これはいったいどういうことなのでしょうか？

将来を嘱望されていた男性

自殺した男性は2008年に東京大学大学院を卒業し、その春、総務省に入りました。通信業務のほか、大臣官房などの勤務も経験するなど、官僚としての将来を期待されていました。

しかし、男性の勤務は厳しいものでした。

亡くなる直前は、消費税増税の対応などに追われ、長時間労働が常態化していました。遺族が入手した亡くなる前の残業時間は、過労死ラインを大きく超える月１３５時間に達したといいます。

男性が両親にあてて書き残した遺書には「親不孝な息子で本当にごめんなさい」と記されていたそうです。

息子はなぜみずから命を絶ったのか、その手がかりを得ようと両親が総務省に調査を求めてすでに5年。

弁護士によると、調査結果を待ちのぞんだ両親に対し、総務省からの連絡はこの4年間、何もなかったといいます。両親は諦めかけたものの、「このままあいまいにしてはいけない」と思い直し、去年になって、弁護士に相談したということでした。

民間と官僚 〝労災〟めぐる違い

なぜこんなことがまかり通るのか、会見を開いた山岡遥平弁護士に尋ねました。

すると、「官僚独特の制度が関係していると思います」という答えが返ってきました。民間企業と国家公務員とでは、労働災害（公務員の場合、公務災害）と認定されるまでの手続きが大きく異なるというのです。

(1)調査主体が身内

1つは、調査・認定を行う「主体」の違いです。

民間の場合、労災の調査は厚生労働省が所管する労働基準監督署が行います。労災の申請があれば、企業などの事業主に勤務時間や休日の取得状況などを調査し、勤務管理に問題が見つかれば、労災に認定するだけでなく企業に指導も行います。

一方、国家公務員の場合、その調査の主体は勤め先の各府省庁が行います。人事院が協議に関わる場合もありますが、最終的な認定判断は各府省庁に委ねられているというのです。

(2)調査期間

もう1つが認定に至る「時間」です。民間の労災認定の場合はそのケースに違いはあっても、遅くとも2年前後で調査結果はまとまるといいます。

しかし、国家公務員の場合、こうした期間の目安は特に設けられていません。このためどのような調査が行われているのか不透明になりやすいといいます。

山岡弁護士は、以上のような理由で、5年たっても総務省から音沙汰さえない事態になったのではないかと指摘したのです。

民間の場合は第三者的に労基署が当事者と会社との間に入って裁くわけですが、官僚の場合はそうした「第三者性」の要素がありません。
認定を求める本人や遺族からすると、勤めていた先の職場、つまり各府省庁に強く申し立てるのは気が引けるでしょうし、調査する側も「大ごとにしたくない」といった心理が働き、調査を小さくまとめようとしてしまうこともあるのではないでしょうか。泣き寝入りしている人たちも少なくないように思えます。

何が追い詰める？ 専門家は

職員たちは、どのように感じているのか。財務省や経産省、厚労省など6つの省庁のおよそ200人の職員を調査したという、大阪大学の北村亘教授に聞いてみました。

この2~3年での仕事の変化を尋ねたところ、「業務量が増えている」「複雑化、高度化している」という回答が全体の7割に上りました。確かに補正予算を組む回数も増えているし、社会課題も複雑化しています。また、大規模な災害も多くなっているのに、職員は減っているという事実があります。状況は厳しくなっていますね。

そして、北村教授はこうも指摘しました。

さらに調査で注目すべきは、「社会のために犠牲を払う覚悟がある」と答える人が7割以上に上る一方で、「官僚の威信は低下している」という回答は全体の9割に上る点です。公共への奉仕に燃える職員は必死なのに報われず、社会的にも評価が低いと感じる官僚が多いのではないでしょうか。

06

官僚の勤務データは〝リアル〟?」人事院に直撃

2019年7月

荒川真帆

霞が関の過酷な勤務。取材しながら、ずっと「気になる」勤務データがありました。その疑問を官僚組織全体の勤務状況を把握する人事院にぶつけてみました。

データと取材実感に違いが……

私が気になっていたデータは、人事院が年に1度まとめる「公務員白書」に載っていました。そこには、他律的行為(国会対応など)の多い本務省(=中央官庁)では、平成29年(2017年)の超過勤務(=残業)が720時間(※注)を超えた職員の割合は7・0%と記されています。

この数字を見た時、「えっ、本当にこんな程度?」と疑問を持ちました。それは取材実感とずいぶん違うように感じたからです。

7％ですから「14人中1人程度」の割合。「霞が関のリアル」取材班に寄せられる投稿や、取材した官僚たちの話では、省庁による違いこそあれ、月100時間超えの残業はザラ、日々過酷な勤務の実態はそここに、との印象を持っていました。

取材でも人事院に「こんな程度の数字なんですかね？」と尋ねていました。

すると、担当者は「国家公務員全体で見ればそういう結果になっています」との答え。「国の調査だし、実際はこうなのかな……」と思いつつも違和感は消えませんでした。

（※注：人事院規則は月の残業の上限を原則45時間。国会業務が多い場合でも年間の上限を720時間に設定）

国と民間の調査結果……こんなに差が⁉

そんななか、官僚の勤務実態に関わるハッとするデータが集まったと聞きました。800人を超す官僚にインターネットを使って行われた調査で、さきほどの人事院と同じく、超過勤務が「年720時間」を超えているか聞いたところ、その割合は実に63・6％に上っていたのです。人事院の出した「7％」という結果とはずいぶん開きがあります。

調査を行ったのは、家族に官僚がいる廣田達宣さん（30）です。廣田さんは、会社を経営していますが、官僚のあまりの働き方に疑問を持ち、「官僚の働き方改革を求める国民の会」という民間団体を設立。今回、この調査を実施したといいます。

結果について廣田さんはこんな風に話します。

「大手広告会社に勤務していた2015年に自死し、後に過労死に認定された」高橋まつりさんの件があって以来、長時間勤務に焦点が当たりましたが、働き方改革の旗振り役であるはずの国で働く人たちは同じくらい、過酷な状況にあり、いつ倒れてもおかしくないのに注目されない。強い危機感をおぼえます。

専門家はどう見る？

どちらがより実態を反映した勤務データなのか。

人事院の有識者懇談会の委員を務めるなど、国家公務員の働き方に詳しい、早稲田大学の稲継裕昭教授に話を聞いてみました。

すると稲継教授は「民間のアンケート結果は、サンプル数やその手法から、精緻な調査とは言えません。では、人事院の調査が正確な実態かと言えば、そうとは言えないと思います」ときっぱり。

いったいなぜでしょうか？


民間の調査はウェブ上で回答を求める形なので、やはり回答者の属性に偏りが出る部分はあると思います。つまりこの問題に意識が高い人たちが答えている可能性があるということです。ただ、一定の実態を反映しているとは思います。

一方、人事院の調査は、公式の調査としてはもちろん信頼性はあります。ただ、これは各省からの「超過勤務手当がついた超過勤務時間」をもとに、算出されている数値です。国家公務員の残業の多くは「サービス残業」が実態ですから、その部分が人事院の調査には反映されない。つまり、人事院の7％という数字は、実態を表すものにはなっていないと思います。


霞が関で横行している「サービス残業」。例えば、残業時間が100時間を超えても、実際に残業手当に反映されるのはその3分の1程度の30時間程度にしかならないといった具合です。

稲継教授は、人事院の調査は、この超過勤務手当分の「残業時間」しか集約されていないため、「正確な実態ではないのでは」と指摘したのです。

稲継教授はこうも言いました。

人事院や内閣人事局は、サービス残業部分も含めた本当の実態を調査すべきだと思います。その実態を明らかにできるのは国しかないのですから。

人事院にも聞いてみた!

少しずつ人事院のデータの意味がわかってきました。やはり最後は、もう一度、人事院に直接話を聞くしかなさそうです。そこで、人事院で職員福祉局職員福祉課長を務める役田平さんに直接話を聞きました。

役田課長は、さきほどの廣田さんが衆議院会館で国会議員に調査結果を報告した時も、傍聴されていました。手元の資料にマーカーを引いたりメモを取ったりと、そこには真摯《しんし》な姿勢がみてとれました。

私は役田課長に「人事院の調査は、サービス残業の時間が反映されていないのでは?」と疑問をぶつけてみました。

超過勤務は、その命令が上司からあってそれに基づき仕事をするものです。私たちの調査はその命令が出た分をもって調査結果に反映しています。確かに、命令はないものの、何となくの雰囲気でやらないといけないので、(職場に)残っているというのも現場であると思います。超過勤務の「命令」と「その職員が実際に職場にいた時間」とが切り離されていて、そういう意味でギャップがあるのは、そうだろうと思います。

「実態を表していない」とは言わないまでも、ある程度、人事院の調査と実態がかい離していることは認識されているようです。

そのうえで、「だったらもっと詳細な実態調査は検討しないのですか?」ともう1問。

2019年4月から人事院規則が出来あがり、これまでより勤務の上限値の拘束力を上げて、新たに各省庁に勤務管理を義務づけました。一方、人事院がいま公表している調査結果は、平成29[2017]年の結果です。つまり、その時点では勤務時間の上限は「努力義務」であって、720時間の上限値を超えて仕事をしても「法令違反」とはなりませんでした。もちろん長時間勤務はいいことではありませんが、新しいルールが入る前の調査結果では違反でもなんでもありませんし(人事院が)指導是正する根拠にはなりません。この4月以降、各省庁に働き方の改善、規制を強化していますし、仮に720時間を超えて働かせた場合は各省庁に説明責任が生じます。春からの人事院規則ではこれまでよりも、より拘束力のある形で示しているので、災害時などを除き、上限を超えるような勤務は想定はしていません。

つまり、「2019年4月に従来の指針が廃止され、人事院規則となる以前の調査結果だから、詳細な調査を新たにする予定はない」とのことのようです。

役田課長によると、この春以降、各省庁で適切に勤務管理が行われているはずで、720時間超えは原則起きない。仮に超えていても、それは各省庁がしっかり説明すべきことだということです。

しかし、取材していると、4月以降も結構な残業が続いているように感じるのですが……。

ちなみに冒頭の公務員白書には、その前文で人事院の役割についてこう記されています。

「労働基本権制約に対する代償として職員の利益の保護を図ること」

人事院はこの条文の持つ意味をどうお考えでしょうか？

2019年4月以降、民間企業では働き方改革が一斉に始まり、勤務も厳格に管理され、違反すれば罰則もあります。官僚には確かに労働基準法が適用されませんが、人事院が過重な働き方を見直さず、勤務実態さえ正確に把握していないというのはおかしいと思います。

第二部

霞が関と永田町

官僚と切っても切れないのが国会・政治家です．国会答弁準備や質問主意書への対応に深夜まで追われ，政治家へのレク（説明）に永田町へ参上する日々．時には「これって仕事？」と思うようなことまでも…….

07

夏休みの宿題？これ、官僚の仕事？

2019年8月

荒川真帆

子どもたちは楽しい夏休みの最中ですよね。一方、みんな頭を悩ますのが自由研究などの宿題。こっそり両親に手伝ってもらった経験、あるかと思います。でも、その宿題を官僚が手伝っていたという話を聞き、さすがに耳を疑いました。

文部科学省に、夏休みの宿題⁉

この〝衝撃〟の話を打ち明けてくれたのは、文部科学省の職員です。

以前のことですが、ある国会議員から「支援者の子どもが教育をテーマに、夏休みの自由研究をしている。どんなレポートを書いたらいいか、アドバイスして」との依頼がありました。なんでここまでやらないといけないんだろうと思いつつ、資料を用意しました。議員から紹介された保護者や子どもとも直接やり取りして。宿題の答えを教えているようなものだから、教育効果もないなと思ったのですが……。

話を聞いて、「そんなこといいんですか⁉」と思わず声が出ました。優秀な官僚が手を貸した自由研究の評価も気になるところですが、問題の本質はそこじゃないですよね！

これまで何度もお伝えしてきた霞が関の過酷な勤務。

その理由の1つに挙げられていたのが国会議員から依頼される〝いろいろな仕事〟でした。さきほどの自由研究もそうした仕事の1つだということです。

秘書がやるべき業務じゃないの？

ほかにもどんな〝いろいろな仕事〟があるのか知りたいと思い取材すると、外務省の男性職員が「議員からの依頼にはさすがにおかしいのではと思うものがたくさんありますよ」と打ち明けてくれました。

そのいくつかを紹介します。

「地元観光地に、新たな観光施設……」
ある議員からの依頼。議員の地元にある観光地が、ある海外の名所を参考にした新たな観光施設を検討している。建設にあたって関連資料を用意してほしい。

「テレビ出演のゴーストライター??」
大臣経験のある議員がテレビ出演するにあたり、その議論に係るレクをお願いしたい。番組で求められる提言などについても考えてほしい。

「新規ビジネスを立ち上げたい」
ある議員からの説明依頼。地元支援者が海外のある地域で新規ビジネスを立ち上げたいと言っている。現地の様子はどんな感じか、教えてほしい。

私が「全部、秘書がやるべき業務じゃないのでしょうか」と尋ねると、この外務省の職員は、ため息交じりにこう答えました。

地元支援者の要望を隠しもせずに依頼してくる議員の多さに驚きます。なかには、とりあえず呼び出されて、他の業務がすべてストップすることも頻繁にあります。忙しいなか

1時間以上時間をとられることも。民間への支援は重要ですが、議員の私的ともいえる「お手伝い」業務にはいつも違和感をおぼえます。

まだまだありました……

確かにいずれも官僚がみずからの仕事として行うのはおかしい気がしますが……。周りの官僚の人たちに聞いてみると、〝いろいろな仕事〟はまだまだありました。

▼イベントや講演会でのあいさつ文や原稿作成
▼地方や海外に視察に行く時の現地関係者の紹介やアレンジ
▼マスコミからのアンケートへの回答文作成
▼国会議員に対して行われた陳情への回答文作成

官僚たちの話を聞いていて、疑問も湧いてきました。官僚にとって本来の業務でないのなら、断ればいいのではないか？　と。

「どうしてそんな仕事を引き受けるんですか？」と突っ込むと、複数の官僚から「議員との関係を良好に保つためだよ」という答えが返ってきました。

私たちの仕事は、国会議員との関係が何よりも重視されます。特に、国会関係に強い先生であれば、機嫌を損なってはいけない。顔を立てる必要があります。入省した時からみんなモヤモヤしながら従っています。（外務省の男性職員）

官僚の仕事は何より法案や予算案をスムーズに滞りなく通すこと。そのためには、平時から国会議員といかによい関係を築くかが大事。基本的には依頼がきたものを断るなんてありえない。持ちつ持たれつの関係でやっている。（ある省庁の幹部）

専門家はこう見る

「持ちつ持たれつだ」という官僚と議員の関係性。専門家はどう見るのでしょうか？　行政学が専門の東京大学先端科学技術研究センターの牧原出教授を訪ねました。

まず、今回取材した〝いろいろな仕事〟をどう考えるかと聞くと「いずれも公私混同なものが多いという印象はありますね。ただ、明確に何が悪くて、何はよいのか、個別の判断は難しい」と言いました。

「なぜですか」と問うと、牧原教授はこう答えました。

日本には、政官接触を禁じる明確なルールがありません。イギリスにはあるのですが。日本は政官関係はあいまいなまま「持ちつ持たれつ」でやってきたのが伝統だからです。こうした両者の関係は、いわゆる与党第一党を自民党が長らく占めてきた「55年体制」の時に顕著でした。その昭和の形が今も残っているということだと思います。違うのは、以前は「官僚主導」だった形が、今は「政治主導」に変わっていること。官僚主導では、官僚が政策立案の面などで力を発揮し、政策などをスムーズに通すためには政治からよけいな口を出されないよう、「政治側の依頼を聞いてあげている」という感覚がありました。しかし、今の政治主導の体制で、官僚は本来業務である政策立案に時間を割くことが難しくなっています。だから、政治家からの依頼を受けても、官僚には「うまみ」がどれだけあるのかと、徒労感やモヤモヤがたまる形になっているのだと思います。

一方で、こうも指摘しました。

政治家も自省すべき点は大きいと思います。本来自分でやればいい話も結構ありますから。官僚がもう少し本来業務に時間を割けるようにしたほうがよいと思います。

08

どうして即日廃棄？ 大臣の日程表

2019年4月

北村洋次・森並慶三郎

皆さんは、大臣の日程表ってご存じですか？ いつ、どこで大臣が誰と会い、どんな仕事をしたのか、そんな内容が記されています。

この日程表、実は公文書なんですが、各省庁が極めて短期間で、廃棄していたことが分かりました。どうしてなんでしょうか？

日程表とは？ 秘書官経験者に聞いてみた

まず当事者たちは、この日程表をどんなものだと考えているのか？ 大臣の秘書官を務めた経験がある国会議員秘書に聞いてみました。

すると、

日程表には大臣が誰と面会するのかや、どんな会議に出席するのかなど、1日のスケジュールが詳細に書かれている。実際どれくらい、保存されているのかはわからないが、後で確認することを考えるとすぐに廃棄されることは常識的には考えにくい。

と語りました。

また、副大臣の秘書官を務めていた官僚にも尋ねました。すると、

書かれている面会のなかには、副大臣としての仕事か、それとも政治家としてなのか、はっきり区別できないグレーなものもある。正直、積極的に開示したくないという気持ちもある。

と打ち明けてくれました。

なんか大事な文書なのではないかという気がします……。

その保存状況は？

この日程表を各省庁はどれだけ保存しているのか？　それを調べた人がいました。東京のNPO、「情報公開クリアリングハウス」の理事長、三木由希子さんです。長年、公文書管理の問題を扱ってきた専門家です。その三木さんが、2017年4月から2019年2月までの、13の省庁すべての大臣の日程表について情報公開を求めた結果、11省庁が「すでに廃棄している」と回答し、一切残されていないことがわかったのです。

三木さんは、各省庁に廃棄の理由も聞きました。それが以下のとおりです。

▼外務省：役割が終わった時、随時廃棄
▼農林水産省：保有していない。上書きしている
▼環境省：即日廃棄
▼法務省：決まっていないが、随時廃棄
▼経済産業省：役割が終わった時点で廃棄
▼財務省：用務終了後に廃棄
▼総務省：即日廃棄

▼内閣府：即日廃棄
▼厚生労働省：日程終了後に随時廃棄
▼文部科学省：使用目的が済んだ時点で随時廃棄

これを聞いてどう思ったか、三木さんに聞きました。するとこんな答えが返ってきました。

驚きでした。日程表は大臣が何をしたかということを日々記録していく非常に重要な記録だと考えていました。この問題はきちんと向き合わなくてはいけないと考えるようになったのです。

指針では1年未満保存と明記

どうして短期間で廃棄できるのか？　公文書の扱いを取りまとめている内閣府に聞いてみました。

すると、意外にもこうした廃棄そのものは問題と考えていないと回答しました。なぜなのか、その理由は日程表の保存期間を定めた国の指針にあるといいます。指針によると、その保存期間を1年未満にできると書かれています。つまり1年未満で廃棄できるから、仮に即日や短期間で廃棄されても問題ないということでした。

でも、ちょっと待ってください。公文書の管理は、あの問題で厳しくなったのでは？

相次ぐ問題で見直された指針。しかし……

覚えていますか？ 財務省の森友学園との国有地売却をめぐる交渉記録、そして、防衛省の南スーダンでのPKO活動の日報をめぐる問題。いずれも、文書の廃棄が問題となり、国会でも長く追及されました。政府も公文書管理の見直しに動きました。議論は、内閣府の公文書管理委員会で行われましたが、そこで、これまであいまいだった保管期間を1年未満とする文書を具体的に定めて指針に明記することになったのです。

「行政の効率化」というのがその理由で、定型的・日常的な業務連絡、出版物を編集した文書などが1年未満に廃棄できるものとして例示されます。

ところが、そこに今回の大臣の日程表も加えられていたのです。

これには当時、議論に参加した有識者からも「日程表は歴史の検証に必要だ」と異論の声も上がったそうですが、そのまま日程表は1年未満の保存文書として、扱われることになりました。どうも釈然としません……。

公文書管理の問題に詳しい、東洋大学の早川和宏教授に当時の議論をどう思ったか聞いてみました。

本来、この委員会では、公文書に対して、国民のチェックが働く仕組みが話し合われていました。ところが議論の途中で、内閣府側が行政の効率化という別の観点で提案をしてきたのです。しかし、日程表の保存期間を1年にしても行政の効率化が落ちることはないと思う。1日で廃棄したことによる国民の信頼が失われることのほうが大きい。大きな災害の時の対応を検証する際にも日程表は必要です。

三大都市(東京・大阪・愛知)の知事の日程表は?

1年未満で廃棄できるとされる大臣の日程表。そこで気になったのが東京・大阪・愛知の知事の日程表はどう扱われているかでした。

かつて、都知事の動静といえば、何かと物議を醸しました。それらは情報公開によって、知事の日々の行動が明らかになったことがきっかけでした。

東京都知事の日程表をみると、知事の面会や担当課からのレクチャーの時間などが細かく記

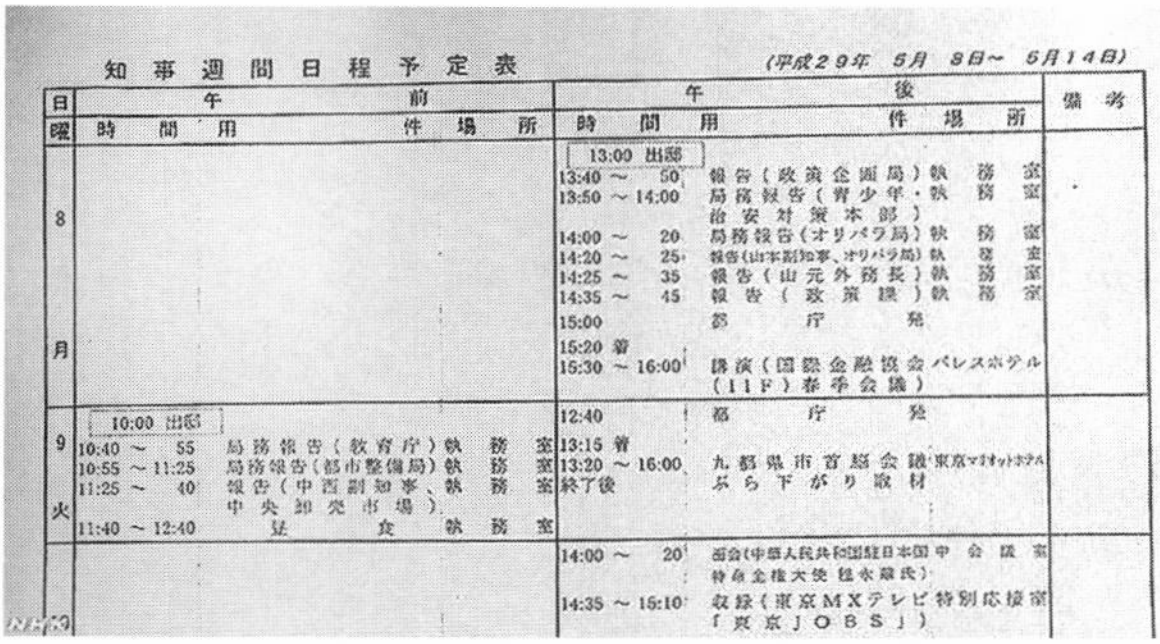

知事週間日程予定表　（平成29年　5月　8日～　5月14日）

日曜	午前 時間	用件	場所	午後 時間	用件	場所	備考
8 月				13:00 出邸			
				13:40 ～ 50	報告（政策企画局）	執務室	
				13:50 ～ 14:00	局務報告（青少年・治安対策本部）	執務室	
				14:00 ～ 20	局務報告（オリパラ局）	執務室	
				14:20 ～ 25	報告（山本副知事、オリパラ局）	執務室	
				14:25 ～ 35	報告（山元外務長）	執務室	
				14:35 ～ 45	報告（政策課）	執務室	
				15:00	都庁発		
				15:20 着			
				15:30 ～ 16:00	講演（国際金融協会春季会議）	パレスホテル（11F）	
9 火	10:00 出邸			12:40	都庁発		
	10:40 ～ 55	局務報告（教育庁）	執務室	13:15 着			
	10:55 ～ 11:25	局務報告（都市整備局）	執務室	13:20 ～ 16:00	九都県市首脳会議	東京マリオットホテル	
	11:25 ～ 40	報告（中西副知事、中央卸売市場）	執務室	終了後	ぶら下がり取材		
	11:40 ～ 12:40	昼食	執務室				
				14:00 ～ 20	面会（中華人民共和国駐日本国特命全権大使 程永華氏）	中会議室	
				14:35 ～ 15:10	収録（東京MXテレビ「東京JOBS」）	特別応接室	

東京都は知事の毎週の日程をまとめ公文書として保存

されていて、情報公開の対象にもなっているそうです。

東京都によると保存期間も知事の在任期間の終了後1年間までとされているということです。

大阪府でも知事の日程表は、1年間は保存されていました。過去には、災害時の知事の動きを、議会から求められて秘書課が作成した資料を提出したこともあったそうです。

愛知県は、知事の1日の動きをまとめた文書を地元新聞に提供していて、日程表と合わせて1年間は保存することにしているということでした。

こうみると、国より地方のほうが、少なくとも行政トップの情報公開の度合いは進んでいるようにみえます。

さらに調べると……

やはり取材していくと、今のルールの中であっても、今回廃棄された日程表の中に、残されるべきものがあったのではないかという疑問を持ちました。それは、指針の作成を話し合った、公文書管理委員会の議事録にこんな記述を見つけたからです。

そこには、大臣の日程表などは1年未満の保存から外すべきではないかという意見が出されたのに対する、内閣府の見解が記されていました。以下がその内容です。

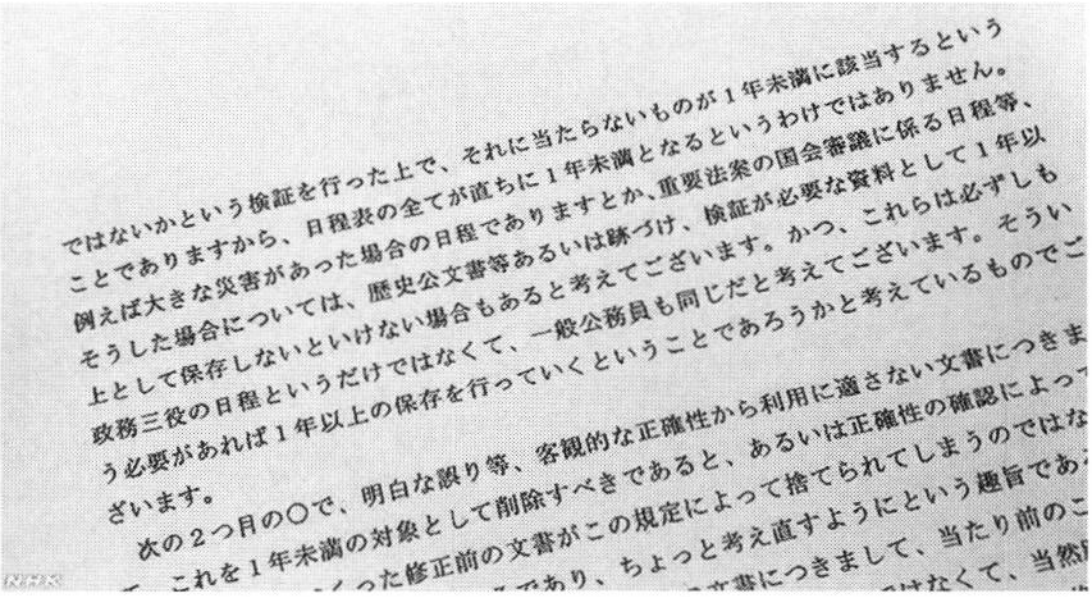
ではないかという検証を行った上で、それに当たらないものが１年未満に該当するという
ことでありますから、日程表の全てが直ちに１年未満となるというわけではありません。
例えば大きな災害があった場合の日程でありますとか、重要法案の国会審議に係る日程等、
そうした場合については、歴史公文書等あるいは跡づけ、検証が必要な資料として１年以
上として保存しないといけない場合もあると考えてございます。かつ、これらは必ずしも
政務三役の日程というだけではなくて、一般公務員も同じだと考えてございます。そうい
う必要があれば１年以上の保存を行っていくということであろうかと考えているものでご
ざいます。
次の２つ目の○で、明白な誤り等、客観的な正確性から利用に適さない文書につきま
これを１年未満の対象として削除すべきであると、あるいは正確性の確認によっ
った修正前の文書がこの規定によって捨てられてしまうのではな
であり、ちょっと考え直すようにという趣旨であ
文書につきまして、当たり前のこ
はなくて、当然

内閣府の公文書管理委員会の議事録(2017 年 12 月 20 日)

日程表の全てが直ちに1年未満となるというわけではありません。例えば大きな災害があった場合の日程でありますとか、重要法案の国会審議に係る日程等、そうした場合については、歴史公文書等あるいは跡づけ、検証が必要な資料として1年以上として保存しないといけない場合もあると考えてございます。(以下略)

つまり日程表も、大きな災害があった時や、重要法案が審議された時のものは歴史的な検証が必要な資料となるので、1年以上保存しないといけないと内閣府も認めていたのです。事実、指針にも、「重要または異例な情報を含む場合には1年以上の保存期間を設ける」と明記されていました。

重要かどうか検討せずの省も

これを知り、早速、三木さんに確認すると……。

請求の対象期間にあった、2018年7月の西日本豪雨と2018年9月の北海道胆振東部地震は、いずれも甚大な被害を出した災害でしたが、国土交通省や総務省など災害対応にあった省庁に、大臣の日程表は残されていませんでした。

取材すると、こんな回答が寄せられました。

> 一律に1年未満でいいと認識していたので、日程表は1日使ったら廃棄していた。今後は保存の在り方を検討したい。（国土交通省）
> 重要な日程かどうか検討は行っていないが、災害時の大臣の動きは別の資料でも確認できるので問題ないと考えている。（総務省）

ついに廃棄前の日程表が！

各省庁で廃棄されていた大臣の日程表。しかし、三木さんはなんとか日程表を入手すべく次の一手を打ちました。それは「請求を受け付けた時点で残されている日程表」の公開を改めて請求するというものでした。

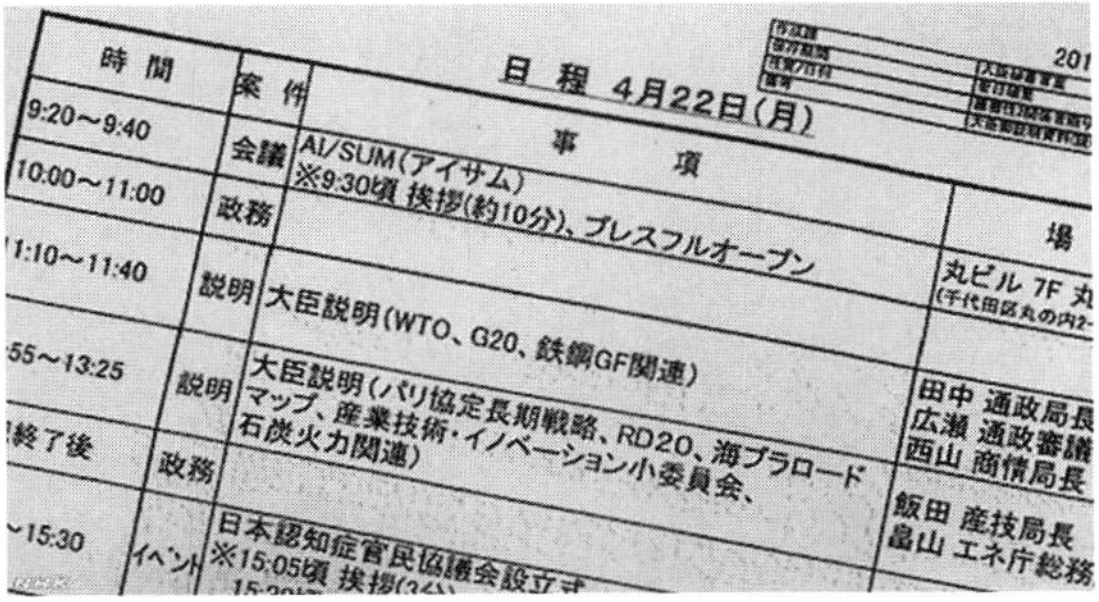

経済産業省の大臣日程(2019 年 4 月 22 日)

せめて請求したその日の分だけは残されているのではないかと思ったんですよね。

さすが百戦錬磨です……。

各省庁の日程表、違いは……

三木さんの思惑どおり、後日、各省庁から廃棄される前の日程表が次々に開示されました。いったいどんな内容なのか、省庁ごとに見ていきます。

まず、なかなか詳細な内容が書かれていたのが、経済産業省、国土交通省です。

経済産業省の日程表。世耕大臣(当時)がＷＴＯ＝世界貿易機

関やG20などについて担当幹部から説明を受けていたことが分かります。

国土交通省の日程表には、石井大臣(当時)が出席した式典や国会での日程が具体的に書かれていました。

少なくとも、これぐらいの内容が書かれていれば、後々、大臣らの動きを検証することは可能だと感じました。

どうやってチェックすれば！

一方、その内容がさみしかったのが環境省です。記されていた原田環境大臣(当時)の4月19日の日程は、閣議後の記者会見など、午前8時半から午前10時半までの2時間分のみ。この日は、これだけしか公務がなかったのか？

原田大臣の個人ブログをチェックしてみました。

原田環境大臣(当時)の個人ブログ(2019年4月時点)

すると、同じ日(19日)、大臣はアメリカ・カリフォルニア州議員団による訪問を受けたり、長野県朝日村の村長に感謝状を贈呈したりしたと記されています。

そこで、環境省や朝日村に取材してみると意外な事実が……。

なんとブログに掲載されていた日付が間違っていて、実際2つの行事があったのは、この数日前だったというのです。

日程表に書かれた内容はわずか。ブログにも正確な日付が書かれていないとなると、私たちはどうやって大臣の行動を確認すればよいのでしょうか？

黒塗りの省庁も

一方、開示はされたものの、黒塗りが多かったのが法務省と財務省です。これでは、ほとんど内容を理解することはできません。2つの省は、黒塗りにした理由について、それぞれ次のように説明しています。

公にすることにより犯罪の捜査、公訴の維持、刑の執行等に支障を及ぼすおそれがある。（法務省）

公共の安全と秩序の維持に支障をおよぼすおそれ。（財務省）

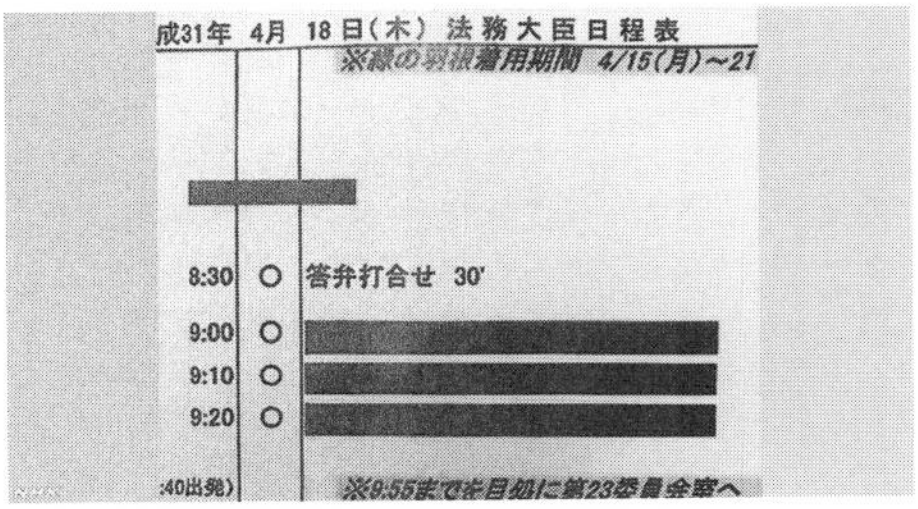
成31年　4月　18日（木）　法務大臣日程表

[redacted]

8:30　○　答弁打合せ　30'

9:00　○　[redacted]

9:10　○　[redacted]

9:20　○　[redacted]

:40出発）

法務省が開示した大臣の日程表.
内容部分に数多く黒塗りが

府省	大臣名		
内閣府	宮腰光寛　一億総活躍相	一部開示	黒塗りで日程の詳細が不明
内閣府	平井卓也　IT 担当相	一部開示	黒塗りで日程の詳細が不明
内閣府	山本順三　国家公安委員長	一部開示	黒塗りで日程の詳細が不明
内閣府	茂木敏充　経済再生相	一部開示	黒塗りで日程の詳細が不明
内閣府	片山さつき　地方創生相	一部開示	黒塗りで日程の詳細が不明
総務省	石田真敏　総務相	一部開示	大臣への説明の案件が不明
法務省	山下貴司　法相	一部開示	黒塗りで日程の詳細が不明
外務省	河野太郎　外相	一部開示	打合せやブリーフの相手が不明
財務省	麻生太郎　財務相	一部開示	黒塗りで日程の詳細が不明
文科省	柴山昌彦　文部科学相	開示	打合せの相手が不明
経産省	世耕弘成　経済産業相	開示	日程や打合せの相手について具体的に記述
国交省	石井啓一　国土交通相	開示	面会相手が不明
農水省	吉川貴盛　農相	開示	面会相手が不明
環境省	原田義昭　環境相	開示	日程が少ない

廃棄前の日程表請求でも分からない大臣の行動(三木さんの調査による)

また、防衛省も国の安全など、防衛上の理由で日程表の中身の多くを開示しないということでした。

「政務」は記述されず

今回、明らかになった大臣の日程表を見ると、省庁によって、記載内容や公開の仕方に大きなばらつきがあることが分かりました。

その一方、三木さんはこれらの日程表に共通点があることに気付いたと言います。それは大臣の政務に関する記述が、各省庁ともほとんどないことです。

> 大臣としてではなく政治家として民間の支援者や企業経営者など外部の誰と面会したのかは、どこの省庁の日程表にも書かれていないですね。

三木さんも、本当に「政務」であれば、記述されていないことを一律に問題にはできないと言いながらも、「政務」を隠れみのにさせてはいけないと釘を刺しました。

大臣がどんな支援者と会っているのか他の政治家に知られたくない気持ちもわかります。ただ、面会している支援者や民間企業の関係者は1人の政治家としてでなく大臣として面会しているケースもあると思います。懸念するのは、こうした記録が政争に使われることをおそれ、大臣など政治のトップレベルの活動に関する記録を捨てたり、残さなかったりするインセンティブが働く状況になっていることです。どうすれば記録を残していけるのか、公開の仕方も含めて議論していかなければならないかもしれない。

09

霞が関の嫌われ者〝質問主意書〟って何？

2019年7月

中村雄一郎

官僚の人たちが、私たちに意見を寄せてくれるなかで、ずっと気になっていたのが〝質問主意書〟というものです。なんと言ってもその評判が芳しくないからです。どんなものなのか、調べてみました。

「質問主意書」で退職を覚悟⁉

最初にこの質問主意書に対する官僚の皆さんの意見を一部紹介させてください。

質問主意書が当たると、すべての業務がストップしてしまう。（20代）
国会答弁よりもはるかにきつい。（20代）
行政の妨げ以外のなにものでもありません。（30代）
質問主意書のせいで若手で退職を覚悟する者も少なくありません。（20代）

結構辛辣《しんらつ》な内容ばかりですよね。そこまで官僚を困らせる質問主意書とは一体どんなものなのでしょうか？

質問は国会議員の重要な仕事

国会で質問というと、議員が大臣などに口頭で行っている姿を皆さん思い浮かべると思います。法案や政策についての疑問点を内閣に問いただすのは、議員の重要な仕事です。実は、こうした議員の質問は「文書」でも行うことができます。それが質問主意書と呼ばれる制度なんです。

しかし、口頭で質問できるのにわざわざ文書で……と思われるかもしれません。実は、少数会派に所属する議員は口頭での質問時間が十分与えられないケースがあります。ご存じの方もいるかもしれませんが、質問時間の配分は、政府が提出する法案の場合、与党は事前に議論していることもあり、与野党が協議し、野党に時間を譲るのが慣例だったそうです。しかし、今の与党が、議席に応じた質問時間を求めた結果、こうした慣習が見直され、野党、中でも少数会派にはわずかな質問時間しかなくなりました。

つまり、今の野党にとって質問主意書は、貴重な質問の機会となっているんですね。ちなみに質問主意書は、国会の会期中に提出する必要がありますが、本会議や委員会と違い、国政一般について、広く問うことができます。さらに、会派の人数や所属にかかわらず、誰でもできるということでした。

過去に不正発覚につながったことも

しかし、この質問主意書、どうも霞が関では敬遠されています。そして憤りの矛先は、これを多用する野党の議員に向けられることが多いようです。

野党の先生たちにとっては、質問が重要だというのはよく分かるんです。ただ、大臣が発言した理由とか、僕たちに聞かれても困りますよね。政府の見解を問うというのなら答えられるのですが。（２０代）

しかし調べてみると、この質問主意書が行政の不正を暴く上で、力を発揮したケースは少なくないようです。

1995年に、いわゆる薬害エイズ事件で、当時の厚生省が血液製剤に問題があると把握したあとも、回収していなかったこと、さらに、2004年には、当時の社会保険庁が年金の保険料を公用車の購入や外国出張費として流用していた問題が、いずれも質問主意書によって明らかになっていました。

総理大臣公邸に幽霊!?

一方で、過去にはこんな質問もありました。

「旧総理大臣官邸である総理大臣公邸には、二・二六事件等の幽霊が出るとの噂があるがそれは事実か。安倍総理が公邸に引っ越さないのはそのためか」(2013年5月15日)

質問をした議員の問題意識は「公費が使われている総理大臣公邸が十分に活用されていないのではないか」というものだったそうです。官僚のなかには、この制度に意味があるのか疑問に感じている人もいました。ちなみに答弁は、「お尋ねの件については、承知していない」というものでした。

修正でがっかりすることも

一方、質問への不満より、それに対する内閣の答弁書に問題があるのではと指摘する官僚もいました。ある20代の官僚は、せっかく丁寧に作った答弁書を〝あるところ〟に修正されたと証言します。

内閣法制局から「ここまで丁寧に答えなくてよい」と指摘され、全く内容がないものになってしまったのです。せっかく苦労して書いたのに、がっかりしました。

質問主意書に対する答弁書は、各省庁の担当者が作った後、内閣法制局が審査することになっています。内閣法制局といえば、〝法の番人〟とも呼ばれるところ。そこで、なぜか内容が「換骨奪胎」されたというのです。

何より、答弁書は閣議決定を経て、内閣総理大臣名で出される、大変重みのあるもののはず。どうやら、主意書を出す議員の側だけでなく内閣の答弁書にも問題がありそうです。

【官僚の負担1】1時間ルール

官僚にとっては何が負担なのでしょうか。取材から見えてきたのは、数々の厳格なルールです。ある省庁に勤める官僚がまず挙げたのが「1時間ルール」なるものです。このルールは、質問主意書が出されると、どの省庁が担当するか1時間以内に決めなければならないというものだそうです。

質問主意書はいつ出されるか分かりません。迅速に対応するため、国会が開かれている間は、常に職員が待機しているんです。〝解除命令〟が出るのは夜になってから。待機は持ち回りになっていますが、担当になった日は本当にがっかりします。(20代)

【官僚の負担2】7日以内の答弁作成

次なる負担。それは、質問主意書に対する答弁は7日以内に作成すると定められていることだといいます。7日もあれば十分では？と思われるかもしれません。しかし、この答弁には、内閣全体の決定（閣議決定）が必要だというのです。
その流れを図にまとめてみました（次頁）。

1. 省庁で答弁書作成
2. 関係省庁との協議
3. 内閣法制局による審査
4. 大臣までの決裁
5. 閣議決定

ここまでの作業を、土日祝日を含めて1週間で行わなければならないそうです。しかも、閣議は原則火曜日と金曜日にしか開かれないため、実際には1週間もないケースが多いということです。確かに結構タイトなスケジュールですよね。

何段階もの決裁を数日の間に取らなければなりません。延期もできるのですが、その手続きも同じくらい大変なんです。それなら何とか頑張ったほうがましだという話になる。こうした手続きを少しでも緩和してもらえたらと思うのですが……。（２０代）

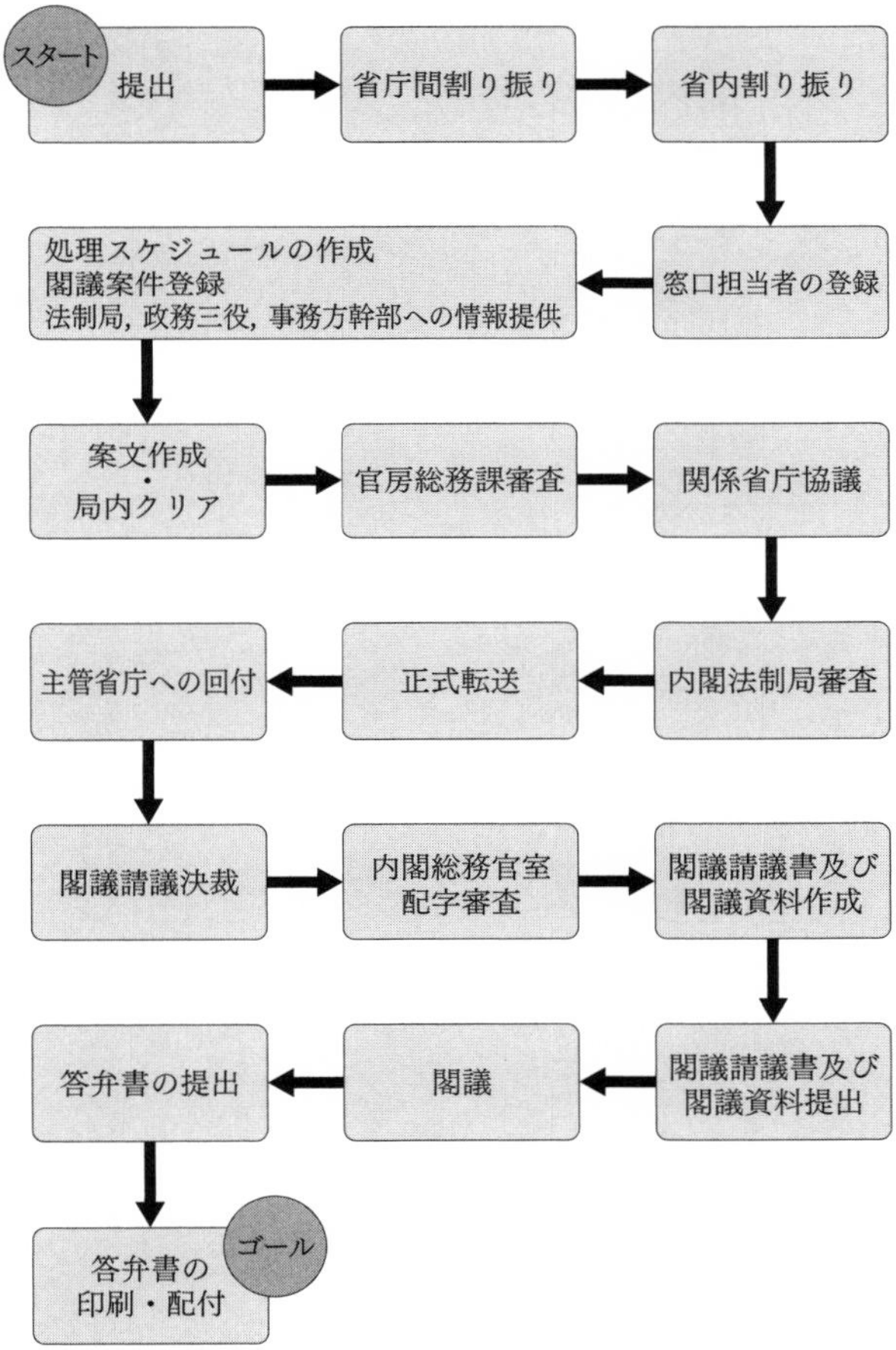

質問主意書の提出から答弁までの長い道のり

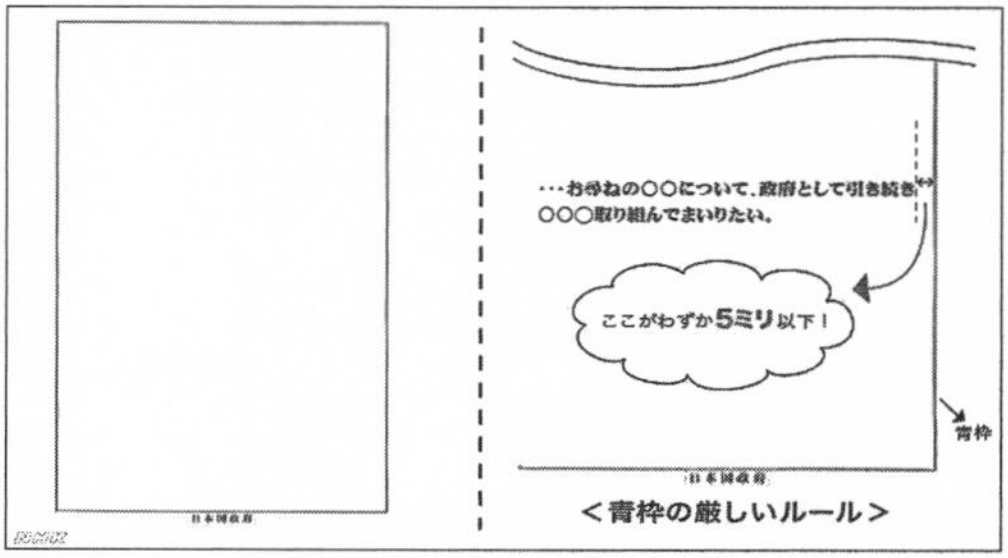

答弁書の厳しいルール，通称「青枠」

【官僚の負担3】書式も厳密で面倒……

この官僚がさらに負担だと指摘したのが、その答弁に使われる独特の書式。「青枠《あおわく》」と呼ばれるそうです(※注)。閣議決定などの正式な文書は、原則として、この枠の中に書かれるそうですが、その際、枠から5ミリ以内に文字をそろえるという厳密なルールがあるといいます。

その作業の大変さをこう語ります。

> 最初から青枠の中に書くのでなく、まずは普通の白い紙に印刷。それに青枠の紙を重ねて、5ミリ以内に収まっているか光に当てて透かして確認します。そうした作業を担当だけでなく、内閣の専門部署も繰り返し行うんです。5ミリ以内に収まっているかは定規で厳密に測ります。こうした作業を数時間かけて行うんです。

私は思わず「なんで、そのような細かいルールがあるのでしょうか？」と聞きました。すると、「私もわかりません。そのルールにどのような意味があるのかは不明ですが、ルール通りにやらないと受け取ってもらえないのです。そのため、おかしいとは思っていますが、体裁を整えるため、多大な時間を費やしているのが現状です」。自嘲気味に話す姿が印象的でした。

（※注：2020年10月に河野行革相が廃止を表明）

なんと10倍近くに！

苦労の末、作られる答弁書は国会のホームページで、過去のものもすべて検索できます。いったい年間どのくらい提出されるのか、調べてみました。1998年まではほぼ100件未満。その後、徐々に増えますが、それでも、200件台がほとんどです。それが、2006年以降、活用する議員が増え、2008年には1315件に！ここ数年は、当時より減ってはいるものの、それでも900件前後で推移していました。

質問主意書、どの議員が多い？

それでは、この質問主意書を誰がどのくらい提出しているのか調べてみました（2017年1

逢坂誠二(立民)	304		宮崎岳志(元・希望)	56
初鹿明博(立民)	193		大西健介(国民)	43
早稲田夕季(立民)	85		城井崇(国民)	42
山井和則(立民)	83		阿部知子(立民)	38
松原仁(社保)	60		仲里利信(元・無所属)	38

衆議院の質問主意書提出本数上位10人(2019年9月時点.所属する政党名などは当時のもの)

月の第193回国会以降)。こちらが、提出本数で上位10人のランキングです(上記)。まずは衆議院から。

500人近い衆議院議員のうち、質問主意書を出したことがあるのは91人。総本数は1513本で、その6割を上位10人が占めています。顔ぶれを見ると旧民主党がほとんどです。

社会保障を立て直す国民会議の松原仁さん(東京比例)も、2018年5月まで民主党や希望の党に所属していました。唯一の例外は仲里利信さん(沖縄4区)。会派に所属しておらず、口頭の質問の機会が制限されていたためと見られます。

続いて、参議院です。

240人余りの参議院議員のうち、質問主意書を出したことがあるのは50人。総本数は676本で、上位10人が8割を占めています。衆議院と同じく、顔ぶれを見ると旧民主党がほとんどです。自民党の藤末健三さんももともとは民主党(全国比例)でした。

ランキング1位の議員に聞いた

野党の中でも、比較的質問の時間が確保された野党第一党が積極的に活用していた状況が分かります。そこで、衆議院のランキング1位で、立憲民主党の政調会長(当時)、逢坂誠二さん(北海道8区)に、この質問主意書の問題、ずばり聞いてみました。

記者「かつては年間100本から200本だったのが、10年ほど前から急増し、今は1000本前後に。これはどうしてでしょう?」

平成18年から急増したのは、〝質問主意書のキング〟として知られる鈴木宗男さんが多く出していたからでしょう。私も多く出すほうですが、いまは活用する層が広がっていると感じます。

記者「なぜ活用が広がっているのでしょうか?」

野党の質問時間が限られる中で、今、委員会の中でほとんど答えないということが繰り返されています。モリカケの時もそうでしたよね。一方、質問主意書だと議員にとっては必ず答えてもらえるというメリットがあります。また、通常の質問だと、官僚が所管を押しつけ合って、なかなか回答が出てこないケースもあります。

川田龍平(立民)	88	石上俊雄(元・国民)	40
小西洋之(立民)	87	山本太郎(元・れ新)	39
牧山弘恵(立民)	84	古賀之士(国民)	31
有田芳生(立民)	70	藤末健三(自民)	30
糸数慶子(元・沖縄)	41	福島瑞穂(社民)	29

参議院の質問主意書提出本数上位10人(2019年9月時点. 所属する政党名などは当時のもの)

私の事務所にもよく官僚が質問取りに来るのですが、「質問されても所管じゃないと答えますよ」と言われたり、「どっちに質問したいんですか」と逆に聞かれたり。質問主意書は、そうした押し問答せずにできるメリットがあります。

記者「その効果とは？」

質問主意書を出すことによって、政府の判断を促したケースはいくつもあります。技能実習生が福島の除染に従事していることはおかしいと思って質問したところ、回答が来る前に政府から「除染への従事は不適切」だという発表がありました。同様のケースは、ほかにもあります。政府としては野党に言われて直したみたいになるので、その前に先んじて発表するわけです。

記者「しかし、官僚からは〝不毛な質問〟が多いという意見もあります」

もちろん官僚の負担になっていることは分かっています。しかし、質問をすることしか野党議員は武器がないですから。与党議員は、政府に対して、委員会以外にもさまざまな要求をして閣議決定前に、情報を持っています。私たちも負担にならないよう改善に取り組んできたつもりです。

こう話した逢坂さん。最後にさきほど触れた〝内容のない答弁書〟について、こう言及しました。

委員会だけでなく質問主意書の答弁も非常に雑になっています。「おたずねの趣旨が明らかではない」とか、理由を示さずに「そのような懸念は当たりません」とか。質問主意書の制度そのものは非常に重要なものですが、こんな答弁書だと、時間の無駄遣いだなと思われるでしょう。

質問主意書について、ある与党議員に意見を聞くと、「いちいち調べさせられて、たまらないという官僚の気持ちはよく分かる。ただし、野党の政治家は主意書がないと政府の政策を知る手段がない。交通整理は必要だろう」と答えました。なかなか奥が深い質問主意書。引き続き取材を続けたいと思います。

10

官僚が自転車で疾走
——真夜中に届けるものは

2019年9月

荒川真帆

霞が関を歩いていると、時折、疾走する自転車を目にします。乗っているのは官僚です。少し似つかわしくない感じもしますが。これ公用だそうですが、いったい何のため？

届けよ！ 答弁書

この自転車、各省庁が国会図書館や議員会館などを行き来するため使っているといいます。「深夜3時に、自転車が活躍することがあります。だいたい1、2年生が乗りますね」と教えてくれた官僚がいました。

人気のない深夜の霞が関を自転車が走る……。ちょっとシュールです。その理由を尋ねると、こんな答えが返ってきました。

深夜に自転車を使うのは、出来上がった答弁書を国会の担当部署(内閣総務官室)に届けるためです。30部前後を紙で印刷、セットしたものを封筒に入れて手で持っていくんです。(40代男性)

ある省庁の駐輪場に並ぶ自転車

答弁書の「持ち運び」って、自転車ですることもあるんですね。

これは主に、総理が出席する予算委員会が開催されるとき。国会議員からは前日までに質問内容を伝える、いわゆる質問の事前通告があり、それに基づき答弁を作るのが官僚の皆さんの仕事です。総理への質問内容によって各省庁に問いが振り分けられます。そして、答弁が夜通しかけて作成され、完成した答弁書を直接運ぶのだといいます。

それにしても、メールや電子媒体が普及するこの時代、手で〝配達〟とは、アナログだなと思いますが……。この官僚はこんな風に話します。

予算委員会が午前9時からだとすると、総理への答弁説明が朝6時開始、ということもあります。時間との闘いのなか、すぐに手渡しして作業にとりかかれるように、直接紙で持ち運んでいるんだと思います。出来上がったものが、質問のことばが間違っていたとか紙の様式が違った、なんてことがあると、また役所に戻って作り直します。

この「紙の様式」は100ページでも触れた、文書の行数・文字数や余白などの厳しいルール、通称「青枠」を指します。

なぜ遅い?【理由1】通告時間

話を聞いて、「なぜそんな深夜なの?」と気になりました。確かに「霞が関のリアル」に寄せられる声で、特に多いのが、「国会質問」や「答弁作成」にまつわる話でした。答弁が出来上がるのが午前3時や4時、ひどい時は朝方になる、という話も耳にします。

一体何が原因なんでしょう? ある女性官僚はその理由として、質問通告の時間を挙げました。

国会の2日前に質問を出す議員もいますが、なかには前日の夜9時や10時、ひどいときには日付が変わりそうな時間帯に通告する議員もいます。多いときには1つの課で質問が10以上に及ぶことがあり、ときには朝までかかります……。（30代女性）

そもそもこの「質問通告」、法律に明記されているわけではありませんが、現在は、与野党間のルールとして「審議の2日前の昼までに出す」ことが決められています。

これは、国会審議を円滑化するための慣習として、さらに、「国家公務員の過剰な残業を是正する」という目的もあるそうですが、実際はほとんど守られていないというのが官僚の実感のようです。

なぜ遅い？【理由2】壮絶な〝フリモメ〟

さらに、時間が遅くなる要因が霞が関にもありました。役所内外でのいわゆる「振り分けバトル」です。

通告された質問をどの省庁の、どの課が担当するかでもめるんです。「フリモメ」とか「ワリモメ」とか言います。とにかく質問が当たらないよう、かなりバトルします。いわ

ば「なすりつけあい」ですが、とにかく断固拒否！　理屈をこねくり回して避けられるよう、全力を注ぐんです。（30代女性）

同様の話を複数の省庁で聞きました。多くの場合、もめている課の仲裁として総務課や局の筆頭課が入り、互いの言い分を「審判」、最終的な判断をするそうですが、その間、「なぜ自分たちの課が質問を受けるにふさわしくないか」を理論武装。過去の答弁などを調べ上げて、「類似事案はオタクの課が書いている」とか、「あなたが書くべきだ！」などと、激しくやりあうのだそうです。この協議だけで1、2時間を費やすことも珍しくなく、決着は深夜1時を回ることも。端から見るとかなり非効率な気がします。

先の女性官僚は声を落としてこう話しました。

そこまでして「闘う」理由は、前例を作らないようにするためなんです。一度引き受けてしまったら、それ以降、また受けないといけない。また仕事が増えてしまう。でも本当は不毛だと思うし、時間がもったいないと思うんですよね……。（30代女性）

いったい誰のせいなのか？

この問題、〝プリモメ〟などは霞が関自身の課題でしょうが、官僚からは、「質問通告が遅いのは野党議員、答弁書を丸投げするのは閣僚となっている与党議員」という声も聞かれます。いずれにしても、霞が関の過酷な長時間勤務の背景には、この国会質問のやり取りもかなり影響しているように感じます。

第三部

今どきの霞が関事情

志望数は減り，退職者は増え続け，今や憧れの職業とは言えない官僚．外から見ていると，独特な組織体制と文化には奇妙に見えるものも．他方，民間から学び，新しい風を取り入れる動きもあるようです．

11 なぜ？東大生の〝官僚離れ〟

2019年4月

三浦佑一

かつて東京大学から霞が関といえば、典型的なエリートコースでした。しかし、今の東大生には自分たちが進む道として魅力的に思えないようです。

東大生の進路に異変？

2019年、東大卒業生たちはどのような進路を選んだのか。3月、卒業式が行われた安田講堂の周辺で聞いてみました。

大学院でデータサイエンスの研究を。（工学部・男性）
銀行に就職します。（文学部・女性）
コンサルタントをやらせていただきます。（経済学部・女性）
司法試験を受けて企業弁護士を目指します。（法学部・男性）

10人以上に聞きましたが、官僚になる人はいませんでした。そんなに、「東大↓官僚」というコースを歩む人はレアなのか……。

それでは、どうして官僚を選ばなかったのかと尋ねると、「ゼロから新しいものを作るという意味で、民間のほうがおもしろいことができるのでは」とか、「社会貢献できるのは官僚だけではないという考え方を持つ人が増えたのかな」などという答えが返ってきました。

とはいえ、これまで多くの官僚を輩出してきた東京大学。志す人がいないわけはないはず。

トップ合格、親族も官僚。でも……

取材を続けると、キャリア官僚の試験に合格しながら、別の進路を選んだ卒業生に出会いました。まず見せてもらったのは、キャリア官僚になるために必要な「国家公務員採用総合職試験」の合格通知書。去年5月に試験を受けて、翌月に人事院から送られてきたものだそうです。

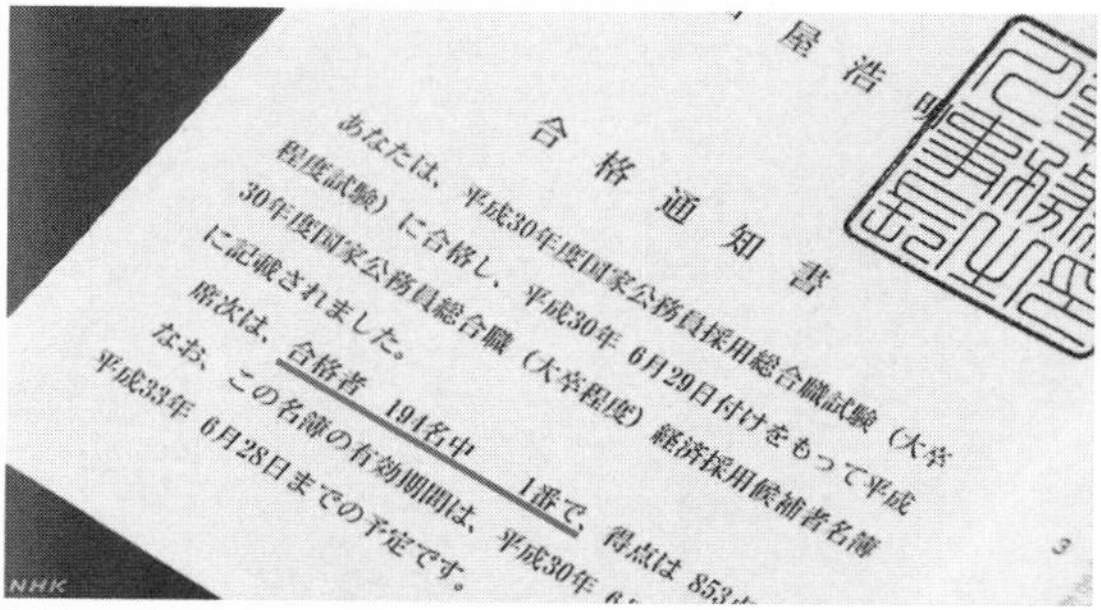

国家公務員採用総合職試験の合格通知書（194名中1位！）．でも，辞退することに

そこにある一文を、思わず二度見してしまいました。

なんとトップ合格です（そもそも順位が通知されることにも驚きですが）。でも彼は、民間のコンサルティング会社に就職することにしたといいます。

「せっかくなのに、どうして」と思わず聞くと、

官僚は最初の数年間は下積み時代っていうのがありますし、実際のいい仕事、意思決定に関われるのは8年目とか10年目の課長補佐以降だと聞いています。それまでの期間がもったいないですね。上の世代の人が下積みの重要性を言いたがるのは正直理解できません。むだに思える雑用に時間を費やしたくない。新卒という、ある意味社会の変化にいちばん敏感な時期の力を最初から最大限発揮していきたいし、そういう力を積極的に使っていこうという企業の中で成長したいんです。年功序列であったり、政治家の意見も聞きつつ空気を読んで判断しないといけないという霞が関の風土にも染まりたくない。

自信に満ちた受け答えを聞きながらも、私は「実際働いたわけではないのに、どうしてここまで言い切れるの？」と不思議に思いました。しかし、よくよく聞くと、この卒業生、うわさ話やネットの情報でキャリア官僚の座を「蹴った」わけではありませんでした。親族に複数の官僚がいて、間近でその仕事ぶりを見たり、聞いたりしたうえで判断したというんです。彼自身、小さいころは官僚への憧れはあったそうです。

小学生の時からなんとなくかっこいいというか、社会のための仕事に対する憧れはありましたね。ゆくゆくは自分も官僚になるのかなと思いつつ、東大に入りました。官僚が本命だったことは事実です。

そんな彼が、なぜ考えを変えたのでしょうか。

省庁で不祥事が起きた時に、個人よりも組織全体で対応に追われる場面を見てきました。不祥事が次々に起きること自体よりも、個人のことで組織全体が振り回される様子にげんなりしたんです。周りの東大生の間でも、文一［文科一類］に入って法学部を出てそのまま官僚になるっていう感覚は薄れてきています。官僚になる同級生に対しては、仕事への尊敬はありますが、「激務薄給の中で頑張ってくれよ」という、ある意味同情の目を向ける風潮もあります。私が官僚の道を選ばないことを親族に伝えた時も、特に引き止められませんでしたね。

霞が関、大丈夫でしょうか？

「沈む船に乗りたくない」

2018年度のキャリア官僚試験の合格者を出身大学別にみると、東京大学は329人で最も多く2位の京都大学とはダブルスコアです。でも合格者に占める東大生の比率を計算すると16・8％。この10年間のピークだった2010年度(32・5％)のおよそ半分に減っていました。いろんな大学から霞が関に入る人が増えるのはいいことなのかもしれませんが……。なぜ東大生は官僚を目指さなくなったのか。その理由を、毎年の卒業生の進路を調べている「東京大学新聞」の編集部に聞きました。

就職記事を担当している衛藤健さん(当時教養学部4年)が、理由を整理してくれました。

1．官僚の長時間労働に対する忌避感が強まっている。
2．景気が回復し、就職先として民間企業の魅力が増した。

3．待遇は大企業に比べて低いのに国民の評価は低く、報われない。
4．衰退に向かう日本という「沈む船」には乗りたくない。

2018年度の東大入試では、長年官僚を目指す王道だった文科一類（法学）の合格者平均点が文科二類（経済）を下回ったことが話題になりました。東大生は時代の変化に敏感に反応しているようです。

官僚主導から政治主導へ

高度経済成長期からの霞が関は、官僚が政策を立案し、政治家をリードするいわば「官僚主導」の状態でした。1975年に出版された城山三郎の『官僚たちの夏』に登場する理想に向かって突き進む官僚たちは、まさにそのイメージです。

しかし、90年代に入り、経済の行き詰まりや、政官業のもたれ合いに批判が高まると、政治家が「官僚主導」の見直しを進めます。橋本内閣で始まった行政改革と省庁再編はそのさきがけです。

そして2009年には鳩山政権が「事務次官会議」を廃止。

2014年には安倍政権が、中央省庁の幹部人事を一元管理する内閣人事局を設置しました。

こうして「政治主導」の動きが強まっていきました。

「冬」の時代の官僚たち

官僚ＯＢは現状をどう見ているのか。元財務官僚の明治大学の田中秀明教授に聞きました。２０１９年2月、『官僚たちの冬』という本を出版し、『官僚たちの夏』の時代と今の官僚の何が違うのか、検証した専門家です。

田中教授は、政治主導により、官僚の「自律性」が失われていったと指摘します。

今の官僚の方は受け身になっていると思います。省庁の中では検討していなかった政策がトップダウンで降ってくることが多くなり、昔と比べると裁量は小さくなっているでしょう。政治家は何を考えてるのか、どうしたいのかを聞いて、あるいは指示を受けたうえで動くというような傾向が強まっています。

一方で、政治主導自体は時代の流れだと指摘しました。

グローバリゼーションの中で迅速な意思決定をするために、政治的なリーダーシップが必要であることは間違いありません。今後も政と官の関係は、時の政権によって多少は変化しても、基本的には政治が主導する方向で進むでしょう。

なるほど。でも、官僚は政治家に使われるだけでいいのか、それで優秀な人材は集まるのか、そんな疑問をぶつけてみると……。

確かに私が今の時代の学生だったら、第1志望で国家公務員を考えるということはなかったかもしれないですね。今の霞が関で新卒が活躍して自分のキャリアを磨いていけるかというと、難しい面もあるかもしれません。一方で、官僚に専門性が求められることは間違いない。政策の具体的な中身をデザインする仕事は政治家だけではできません。専門的な見地からいろいろな分析や検討を行い、政治が判断するための選択肢を提示する役割は官僚が果たさなくてはなりません。

若手官僚たちの模索

現役の官僚たちも、決して今のままでいいと思っているわけではないようです。2019年

議論を交わす若手官僚の有志たち

3月中旬の朝。霞が関の一角にあるオフィスに、若手官僚の有志20人余りが省庁の垣根を超えて集まっていました。自分たちはどう変わるべきなのか、活発に意見を交わしていました。

霞が関も、社会全体も、きゅうきゅうとしてしまって、先が見えなくなっている。そういうのを打破したい。（20代・文部科学省）

われわれは国民からするとよく分からない、機械みたいな存在になっているんじゃないか。もっと顔や思いが見える役人にならなくては。（20代・総務省）

官がやるのか民がやるのかという問題になりがちだけど、一緒にやればいい。官民融合した形でルール作りやビジネスを考えたい。（20代・経済産業省）

このグループは今後も議論を続け、霞が関を取り巻く雰囲気を変えたいということです。やる気に満ちた若手たちの存在に少しほっとしました。

取材すると、今の霞が関にあまり希望を持てない東大生が多かったのは事実です。しかし、試験にトップ合格しながら霞が関を選ばなかったあの卒業生も「官僚の仕事の公共性や動かせる予算の規模は魅力がある。将来、霞が関への転職を考えることもありうる」と話していました。どうすれば、再び志ある若者が集う霞が関になるのでしょうか。

12

40歳以上が多すぎ?
──官僚組織の「逆ピラミッド」

2019年5月

三浦佑一

ある官僚が私の前でつぶやきました。

「課長もヒラもせわしなく働いているのに、暇そうなおじさんがいるんですよ……」

ちょっと失礼な言い方では? しかし聞いて回ると、同じように感じている若手官僚が結構いました。

若手官僚たちの嘆き

「霞が関のリアル」取材班には多くの現役官僚から意見が寄せられます。私たちは本人の了解が取れれば、できるかぎり直接会ってお話を伺うようにしています。その1人、都内の喫茶店で会った文部科学省の現役官僚がこんなことを口にしました。

周りがどんなに忙しくしていても大した仕事をせず、ただ座っているようにしか見えない年配の職員がいるんです。もちろん全員ではないですが、「〇〇官」とか、名称はカッコイイ役職の人の中にです。私の直属の上司ではないというか、そもそもその人に部下はいないんだけど、仕事は振ってくるので困ります。

これまでの取材では、霞が関は人手不足のために異常な働き方になっていると誰もが口にしていました。この官僚は上の世代の質にも問題があるというのです。

例えば課長のところに民間団体から講演の依頼が来た時、課長が忙しいとその〇〇官に依頼が回る。それを自分で対応するならいいけど、私のような下の職員に「講演に使うデータを調べてプレゼン資料にまとめておいて」と準備を丸投げするんです。さらに後日、主催者から送られてきた講演記録のチェックも丸投げです。読んでみると省の見解と違う発言をしているから、よけいにタチが悪い。ハッキリ言って、いるだけ邪魔ですよ。

そういう人は明確な役割がないので、日がな一日、新聞↓コーヒー↓トイレ↓居眠りの繰り返し。周りから冷たい視線を受けながら、座り続けている精神力はすごいと思います。

そんな人でも職場の定員を1人奪ってしまう。いっそいなくなれば、若手職員を1人雇えるだろうに……。

日頃よほど不満があるのか、憤りのことばが続きます。でもそれはたまたま彼の職場に限った問題じゃないの？　とも思い、ほかの官僚にも聞いてみました。すると「あるある！」と、異口同音の反応が返ってきました。国土交通省の元職員はこんなことを話していました。

私も、上司でもない離れ小島の席の中堅幹部に、仕事に介入されて困ることはありましたね。プライドが高い官僚はどんなポジションにいても、「権限欲」「決定欲」とでもいうのか、政策の意思決定プロセスに入りたいという願望が強いんですよ。多角的に意見をもらうのは悪いことではないんですが、存在感を示したいがためにダメ出ししているとしか思えないこともある。現場からすると、決裁書にはんこを押してもらう「スタンプラリー」の欄が増えて、仕事のスピードが遅くなるだけ。若手は決裁のための省内の根回しに時間を奪われ、モチベーションが下がる。まさに「小田原評定」、「船頭多くして船山に登る」ですよ。

意外な組織構造

どうやら特定の職場だけの問題ではなさそうです。次に統計資料も調べてみました。人事院の資料から年代構成を見てみます。

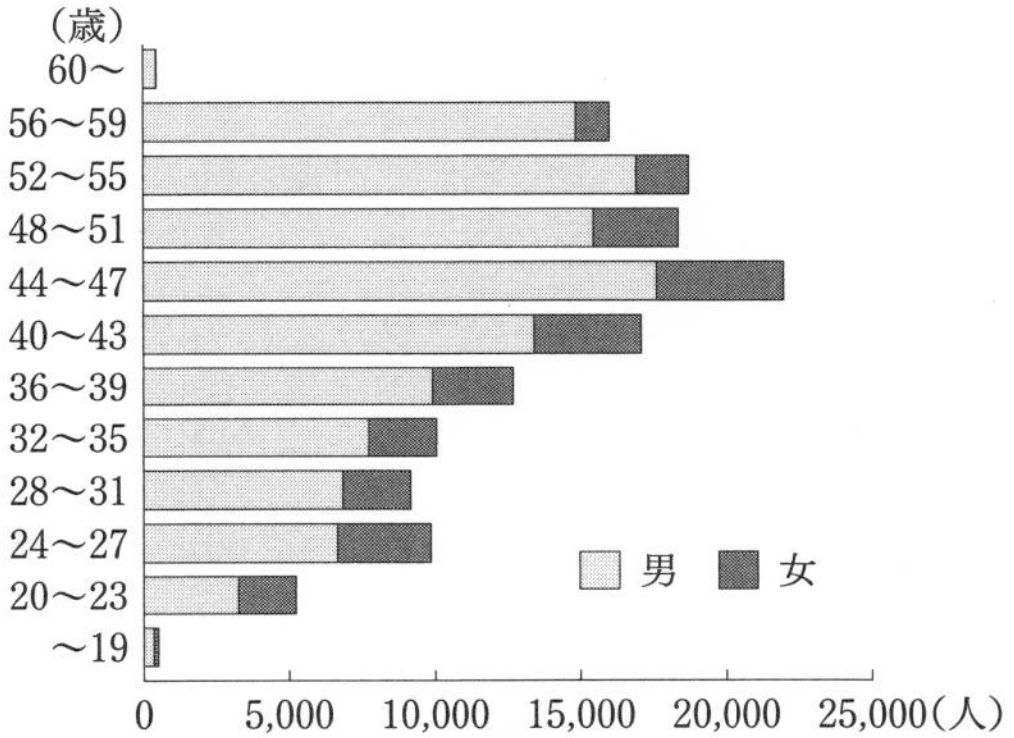

国家公務員の年代構成（人事院「平成30年国家公務員給与等実態調査」行政職俸給表（一）対象者）

４０代、５０代が明らかに多く、４０歳未満を足すと４万７４９７人なのに対し、４０歳以上は９万２５９６人と２倍近くに上ります。

指定職（審議官級以上の幹部）やベテラン官僚が就く「専門スタッフ職」の人数を加えると、さらに年配層の人数は多くなります。

役職別には、どうでしょうか。

こちらも計算すると、いわゆるヒラの係員より、係長級が２・７１倍、課長補佐が１・３７倍多くなっています。

人事院は「地方機関の人員も含んだ数字なので、これらがそのまま霞が関の人員構成というわけではな

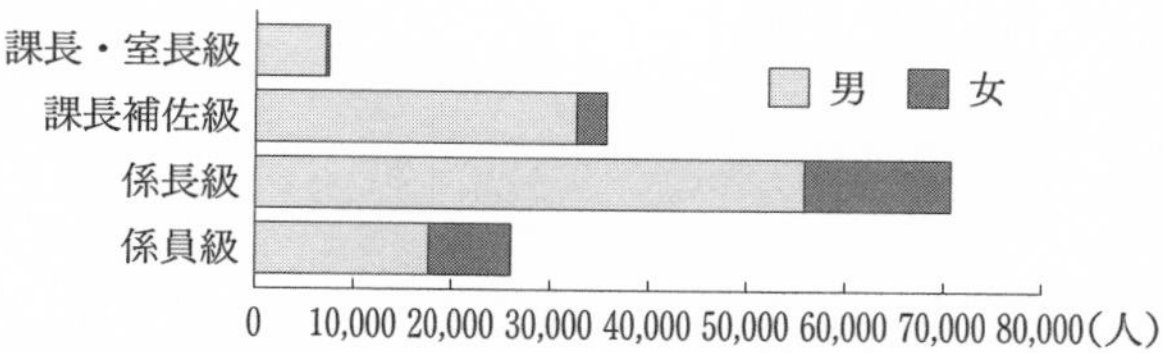

国家公務員の役職構成(人事院「平成30年国家公務員給与等実態調査」行政職俸給表(一)対象者)

い」と説明していますが、若手が少ない構造であることは間違いなさそうです。また若手官僚たちが指摘していた役職についても調べてみると、「○○分析官」や「××戦略官」「□□調整官」など、10年前にはなかったポストが各省に増えています。もちろん、新しい業務に対応するためにポストを新設することはあるでしょうし、多くの役職者は真面目に取り組んでいることは承知していますが……。

人事担当も疑問を持ちながら……

なぜアンバランスな年代構成になっているのか。ある省庁の人事部局の中堅職員が解説してくれました。

各省とも若手が足りず、民間や自治体から出向で来てくれる人をかき集めて、かろうじてマンパワーを確保しています。こうなってしまった最大の理由は職員採用の抑制です。民主党政権時代に人件費削減のために大幅に行われましたが、前後の自民党政権でも減らされています。今も、震災復興や東京オリンピック・パラリンピックのための時限的な増員は行われていますが、純粋な定員は減り続けています。

さらに、最近の若手の転職志向も年代の偏りに拍車をかけています。あとこれは言い訳にもなりませんが、天下り規制で年配層の職員が省内に留まっていることも要因の1つではあります。

なるほど。採用抑制などで組織の年齢構成がいびつになることは、民間企業や教員の世界にも見られる問題です。

長期的なキャリアビジョンを持てない

しかしこの職員は、年齢層の偏りそのものよりも大きな問題があると指摘します。

より問題なのは、人数が多い上の年代層の官僚に専門性が身についていないことです。霞が関の人事は2年ほどで部署を次々に異動させる中で、調整業務や国会対応に力を発揮した人物が課長、局長と出世する仕組みです。事務次官1人を選抜する仕組みとしては、それでもいいのですが、ふるい落とされた人に何が残るのか。毎年、半分の人が入れ代わる組織で、一人ひとりに専門性が身につくと思いますか？ 長く勤めれば「△△局の経験が長い◎◎畑の人」という色は付くかもしれませんが、民間でも通用するような本格的な専門性には程遠いでしょう。

そこでこの職員は、「複線型人事」の導入が必要だと言います。

事務次官を目指して省内を横断する経験を積む人と、1つの道のプロを目指す人を分けた人事制度です。前者は省内全体を把握できるよう幅広く部局を渡り歩けばいい。後者は、例えば厚生労働省で年金のプロになりたい人なら、年金局を軸としつつ高齢者福祉や就労支援の部署も経験して総合的に年金を捉えられる人材になってもらう、という具合です。総合職だからといって、みんなが同じトラックを走らなくてもいいでしょう。今の霞が関には組織としてのキャリアビジョンがないから、ある人事異動がその人に何を期待して決まったものなのか、上司から本人に説明することがほとんどない。そんなことだから、年配になって取って付けたような役職名を与えられるだけで、生かされない人材が増えてしまう。そんな上の様子を見て若手が不安を抱くのは当然です。本人の希望と、組織が期待する人材像をすり合わせるような仕組みを作るべきなんです。

この職員が最後につぶやいたことばが印象的でした。

一職員がこんなことを考えていても、霞が関の組織はなかなか変えられないのです。今のシステムで偉くなった幹部に改革の必要性を理解してもらうのが難しいし、私自身も2年で異動していきますから……。

こうした人事制度の問題、いつまでも放置できないと思います。皆さんの身の回りではどうですか。人事の仕組みに疑問はありませんか？

13

民間人がなぜこんなに⁉︎

2019年4月

三浦佑一・荒川真帆・杉田沙智代

霞が関のリアルを知ろうと取材していると、あることに気づきました。「民間の出身者、意外と多い！」

実際、どうなっているのでしょうか。

霞が関の民間出身者　その数はなんと……

「霞が関のリアル」取材班には、これまで多くの霞が関の方々から意見をいただきました。このなかに、民間企業から霞が関に移った人の経験談がありました。

民間から一時、農水省で働いていました。（32歳男性）
民間から国交省に行っていました。（30代男性）

確かに霞が関を取材していると、民間企業の出身者と出会うこともしばしばです。いったい、どのくらいの人たちが民間から霞が関に行っているのでしょうか。

調べてみると、内閣人事局に統計がありました。

それによると、国家公務員として働く民間出身者は、2018年は5890人。12年前のデータと比べると、実に2・5倍に増えていたのです。

どうしてこんなに増加？

民間から霞が関に任期付きで来てもらう制度は、かつて専門性の高い理系の研究職を中心に行われていました。

この制度を一般の行政職にも拡大する法律が2000年にでき、さらに同じ年に、人事院を窓口に国と民間企業の間で人材を派遣し合う「官民人事交流法」が施行されました。

その後、国は、民間で専門性を身につけた人を省庁の役職ある立場に迎える「経験者採用試験」を制度化、さらに2008年に、内閣府に「官民人材交流センター」を設置するなど、官民交流を促進したのです。

どの企業がどんな省庁に……

では、どんな企業の人がどの省庁に入っているのでしょうか？ 内閣人事局は、5890人（2019年4月取材当時）の民間出身者のうち、出向など、期限付きで国の機関で働いている2227人（2019年4月取材当時）について、省庁別の人数と出身元の民間企業名を公表しています。省庁別にみますと、最も多いのは経済産業省で538人、次いで環境省が353人、国土交通省が289人、内閣官房が229人、内閣府190人などとなっています。

これについて環境省に聞いたところ、「震災復興の業務が増えるなか、高度な専門知識や経験のある人が多いほうが、政策や業務を進めるうえでとても助かる。専門知識がある方は即戦力になるので、積極的に採用している」と回答しました。

また、企業別にも集計してみました。全部で1050社です。

いちばん多かったのは綜合警備保障で、その勤務先のほとんどが外務省の在外公館となっていました。次いで、NEC、みずほ銀行、三井住友銀行、東京電力ホールディングスと続きます。

	合計人数
綜合警備保障	46
NEC	43
みずほ銀行	29
三井住友銀行	28
東京電力ホールディングス	27
日立製作所	26
三井住友海上火災	23
三菱電機	23
JR 東日本	23
東京海上日動火災	21
損保ジャパン日本興亜	20
ANA	18
東芝	17
日本生命	16
三井住友信託銀行	16
キヤノン	15

	合計人数
日本政策投資銀行	14
三菱 UFJ 銀行	14
ルネサスエレクトロニクス	14
NTT データ	14
JAL	14
富士通	13
東京パワーテクノロジー	13
野村證券	13
NTT	11
野村総合研究所	10
セコム	10
パナソニック	10
IHI	10
SG ホールディングス	10
あいおいニッセイ同和損保	10
コニカミノルタ	10

省庁の民間人受け入れ(企業別 10 人以上(2019 年 4 月取材当時))

なぜこんなに民間から……

霞が関はどうして民間企業から多くの人を集めているのでしょうか。省庁の幹部らに聞いてみました。

すると、ある省庁の職員は、「やっぱり、民間の知見やスキルをいかすことが理由だと思う。最近でいえばオリンピックが大きい。役人の多くは国会業務のキャリアがほとんどで、大きなイベントを扱った経験に乏しい。そうなると、外から来てもらってスキルをいかしてもらうという意味でありがたい存在だ」とその効果を語りました。

キャリア官僚は、ほぼ2年ごとに部署が変わるため専門的知識のある民間人の方が社会の変化にも適応しやすいというのです。

一方で、別の省庁の幹部は、「人手不足」を補ってもらう側面もあると打ち明けました。

新たに対応する行政分野は増える一方、国家公務員は減らされてきた。特にこの数年は、経済や国際、オリンピック関係など新たな担当室が内閣官房などに設けられ、人材を送り込まなければならないことも増えている。本省の職員で埋めようとしたけど、それでも足りなくて、急きょ民間から募るなんてこともよくある。

民間人は霞が関をどう見た？

では、民間企業の出身者から、霞が関はどのように見えていたのでしょうか。運輸系企業から国土交通省の観光庁に出向した経験のある佐藤満さん(仮名・30代)に話を聞きました。

出向期間中は、最先端の情報を得られたり、海外経験が豊富な人と仕事を共にしたりと刺激になり学ぶことが多かったです。霞が関の官僚はさすが優秀だと感心しました。

一方、「長時間勤務」と「給与の低さ」には閉口したといいます。

あまりに過酷で、体調を崩す人もいました。出向者の間では、「出向期間、残り○日間」とパソコンで残り日数を数えるなんてこともしていました。出向期間中、給与は国から支払われましたが、私の場合は月10万円ぐらい下がっていました。当時は独身だったのでまだよかったですが、家族がいたらどうするんだろうと思いましたね。

佐藤さんが2年余りの出向を終えて本社に戻ると、会社は元の給与との「差額」を補塡《ほてん》しました。その額は500万円以上だったそうです。

「紙文化」に違和感

もう1人、民間企業から農林水産省に転職したという男性にも話を伺いました。驚いたのは霞が関の古いしきたりだったそうです。

TPPの批准に向けて、法改正を行う部署にいた時、困ったのは徹底した「紙文化」です。法律の条文をチェックする内閣法制局は、いろんな省庁の役人が行列を作るので、何時間も待たされます。ようやく順番が回ってきても、指摘事項は全部紙で書き取り、役所に戻ってその紙を修正してまた法制局に持ってこなくてはなりませんでした。

さらに、書類の体裁にもこだわりがあったといいます。

ホチキスの針が横に留めてあるというだけで「ほかは針が縦向きなのに、1つだけ留め方が違うと上から手抜きと思われてしまうから全部直して」と言われた。ペーパーレス化を進めれば、しなくて済むことかと……。

こうした作業に業を煮やした男性は、上司にこんな提言をしたといいますが……。

「内閣法制局の部屋で、パソコンの画面を見ながら修正したほうが効率的だ」と主張しました。でも「誰もやったことがない」「ずっと紙でやってきたんだから」と言われて終わりでした。前の会社はクラウドサービスなどを活用していただけに、この組織は労働時間を削減する気はないのかなと思いました。

霞が関で進められている官民の人事交流。何事もスピード感が求められる今の時代、最新の知見や新たな発想を取り入れるために、民間の知恵や経験が必要なんだと思います。しかし、民間の人が入っても霞が関の働き方や慣習は簡単には変わらないとも感じました。

14 霞が関文学って何？

2019年6月

杉田沙智代

霞が関で取材していると、官僚の皆さん、たまに耳慣れないことばを口にします。「お経」？ ここはお寺ではないのですが……。「デマケ」？「呼び込み」？ これらの単語、皆さん、どんな意味だと思いますか？

霞が関文学とは

「お会いした記憶はございません」「覚えておりませんので、ちょっとこれ以上のことは申し上げようがございません」（2017年7月24日、衆議院予算委員会）

これは加計学園の獣医学部新設をめぐって、柳瀬唯夫元総理大臣秘書官が国会で行った答弁

加計学園の獣医学部新設をめぐり答弁する柳瀬唯夫元総理大臣秘書官

です。この時、柳瀬氏は、2015年4月2日に愛媛県などの担当者と、官邸で面会したかどうかについて野党から追及されました。結局、愛媛県側が面会記録を公表したこともあり、後日、柳瀬氏は面会の事実を認めたわけですが、「優秀なはずの官僚がなぜこんな言い方をするのか」と感じた人たちも多かったと思います。

私も霞が関を取材していて、「なんで」と首をひねることがしばしばです。「検討します」「達成に向かって邁進《まいしん》します」と言ったのに、何もやらないのはなぜ？　とか……。

そこで、元財務省官僚で、明治大学の田中秀明教授に聞いてみました。すると、田中教授はこう言いました。

それが「霞が関文学」ですよ。「検討します」「前向きに対応します」などというのは、検討はするけど、具体的な対応はしないという意味で使われる時が多いですね。

「霞が関文学」……。「霞が関話法」という場合もあるそうですが、田中教授によると、「言質をとられない言い方、柔軟な解釈が可能で、後々逃げることができるようなあいまいな話法や文章。官僚が省益を守るためや、リスクを回避するために、さらには政治家に抵抗する際などに使われることが多い」ということです。私が経済学部出身だから分からなかったわけではなさそうです。

霞が関文学だけでなく、隠語も!!

刑事ドラマで聞いたことがある「ガサ」(捜索)とか、「ワッパ」(手錠)などの単語。秘密を保持するため、部外者に意味が伝わりにくくするため使われる隠語ですよね。霞が関には、さきほどの「霞が関文学」だけでなく、さまざまな隠語も存在しました。

あの発表、シャビーだったでしょ。

ある日の記者会見に出たあと、官僚にささやかれたことばです。「シャビーって……何?」と戸惑う私。聞き返してみると、「しょぼいってことだよ」と一言。シャビーは、英語の「Shabby」に由来しているとのこと。内容が充実していない、または優先順位が低い業務を意味することばだとのことです。

「俺も上司に言われたことある」。別の官僚もちょっと苦々しい表情で言いました。

上司に政策の提案を持っていったら、「何シャビーなもの出してきてるんだよ。もっとぱっとしてよ」と言われた。どう直していいかわからず、また後日、同じ資料を持って行ったら再び怒られた。

ただし、この「シャビー」という隠語。官僚だからといって、みんなが知っているわけではなさそうです。試しに知り合いの国土交通省の40代の職員に聞いてみると、「名古屋で薄いみそ汁を「このみそ汁しゃびしゃびだがー」と言うので、その変化形かと思った」という回答でした……。

霞が関の隠語、実は省庁別にたくさんあった！

霞が関の隠語。調べてみるとすごい！省庁によっては「用語集」まで作られていました。例えば環境省の「役人用語集」。「機密性2」と仰々しく書かれたこの冊子、ア行からワ行まで、全部で30ページにもわたっています。こうした用語集、環境省では、新人官僚の研修時などに配られるそうです。同様の用語集は厚労省、国交省、外務省などにもありました。これらの冊子から、いくつかの役人用語を次のページの通り紹介すると……。

隠語の起源は、昔から……

それにしても、そもそも隠語ってなぜ作られたのでしょうか？　日本語の起源に詳しい、慶應義塾大学の木村義之教授のもとを訪ねました。木村教授によると、文献上その起源は905年、なんと平安時代にまでさかのぼるといいます。

> 隠語の根本は、「何かをかくすこと」なので、ストレートに言いたくないことを遠回しに言うことが、意識の源にあります。文献上の古い隠語の例としては伊勢の斎宮で使われたとされる「斎宮忌詞《さいぐういみことば》」です。905年の「延喜式」で、「血」を「あせ」などとすることばが使用されていたのが知られています。

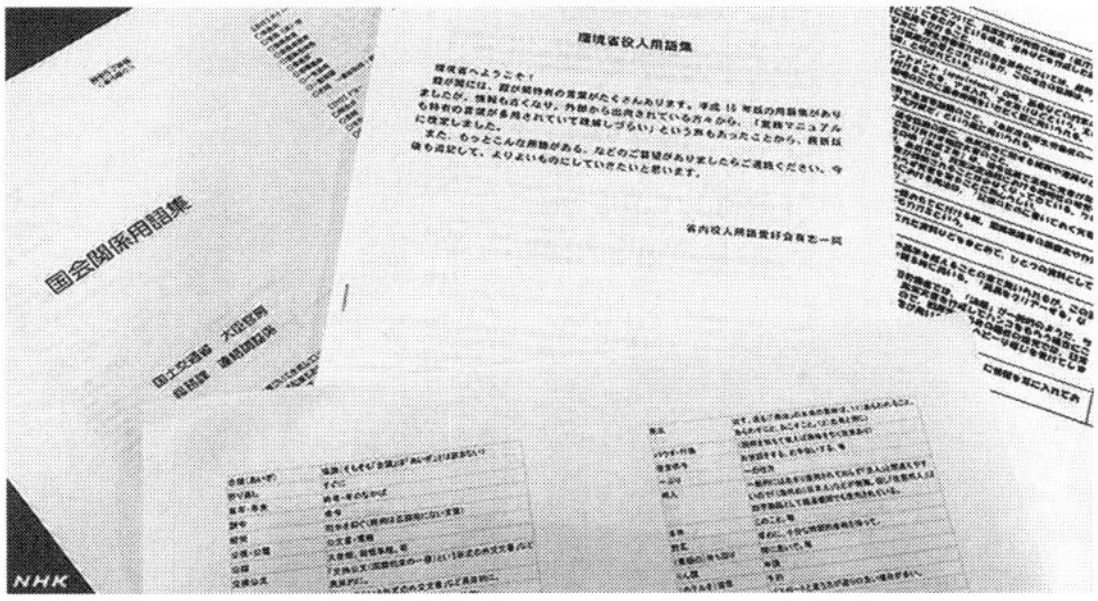

各省庁の用語集です

では、霞が関でしか使われない隠語が生まれた理由とは？

①一丁目一番地
②マル政
③デマケ
④お経
⑤デブリ
⑥サウンド
⑦サブ
⑧呼び込み
⑨つるし
⑩まんでーと

【クイズ官僚用語】半分でも分かれば相当の霞が関通！ 正解は146頁

木村教授に再び聞いてみると、そのいきさつをこう推測しました。

組織内で結束しながら行動する時は、隠す必要、効率よく使う必要があります。それらを使うことで、専門家意識が生まれ、同僚意識・仲間意識を高めることにもつながります。一方、部外者を前に閉じた世界のことばを使うことで、ある種の優越感にもつながりますね。

政治家と是々非々でやり合うため、また、霞が関への帰属意識を高めるためと言われると、こうした隠語を使う理由自体は何となく理解できる気がします。

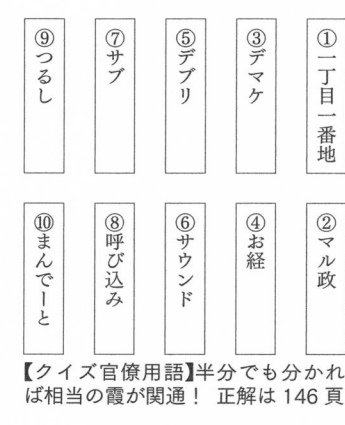

「霞が関文学」が政治にも

霞が関文学や隠語の数々。その成り立ちを取材していると、その必然性もある気がしてきました。そう思っていたやさき、ちょっと気になることを口にした専門家がいました。多摩大学大学院の田坂広志名誉教授です。2011年4月から半年間、内閣官房参与を務め、霞が関の内幕を知る人物です。

田坂名誉教授によると、最近、霞が関文学などは官僚にとどまらず、政治家の間にも広まっているというのです。確かに、国会での総理や大臣の答弁は官僚が準備していますし……。田坂名誉教授は「そうした外形的なこともあるけど、もっと両者の関係性の変化が大きいのでは」と指摘しました。

霞が関文学は、かつては、ある意味で政治主導への抵抗の表れでもありました。しかし、今は官僚は忖度《そんたく》のため、政治家は保身のため、国会答弁などで「霞が関文学」を駆使するようになりました。その意味で、今や「霞が関文学」は「永田町文学」であり、「予算委員会文学」となっていますね。

なるほど。どこの業界だって、そこだけで通用する話法や隠語はあると思います。ただし、霞が関や国会には、モリカケ問題や日報問題など、相次いだ不祥事のあと、透明性や説明責任が求められているなか、こうした内輪だけが理解できる〝文学〟が広くまかり通ることには違和感を覚えます。

【クイズ官僚用語】解　答

1：最重点政策や最重要課題のこと。
2：政治家が絡む案件。
3：デマケーションの略。省庁間の役割分担や権限関係の線引きのこと。
4：法案審議に入る前に、大臣が読み上げる法案の提案理由のこと。あらかじめ作成された説明内容を淡々と読み上げ、僧侶が読み上げるお経に似ていることから来ていると言われている。
5：デブリーフィングの略。業務終了後に報告を受けること。
6：上司や議員にあらかじめアバウトに情報を耳に入れておくこと。
7：サブスタンスの略。政策などの中身のこと。
8：幹部などへのアポの時間が決まっているものの、前の案件が長引いたりして時間通り始まるかわからない場合に、都合がよくなった時点で呼び出してもらうこと。
9：国会提出された法案について本会議で趣旨説明要求がかかっているため委員会に付託されない状態のこと。法案の審議入りを阻止する国会対策上の戦略として用いられる。
10：Mandate(＝権限)のこと。

15

改革は“外目線”

——霞が関を飛び出す若手官僚たち

2019年6月
三浦佑一

これまで中央省庁で働く官僚たちの過酷な長時間勤務や旧態依然とした組織の姿を伝えてきましたが、取材していると高い問題意識と改革の意欲を持った多くの人たちに出会います。

今回は3人の若手官僚に注目し、霞が関改革のヒントを探ります。

「第3の居場所」を作る

東京・大手町のオフィス街の一角。ここで2週に1度、早朝に「霞ヶ関ばたけ」という勉強会が開かれています。官僚の姿もありますが、会社員、NPO職員、料理人、そして農家と、

「霞ヶ関ばたけ」主宰者の松尾真奈さん

参加者の職種は多種多様です。毎回数十人が集まり、農業や食の分野で先駆的な取り組みをするゲストたちの発表を聞いて、意見を交わします。

この会を主宰するのは松尾真奈さん（30）。農林水産省の現役官僚です。

「近くの人とグループを作ってください」

「全員の前で自己紹介していただけますか？」

松尾さんがそう呼びかけると、初めて来た人も次第に打ち解け、会話が弾みます。リラックスした雰囲気を作り出して、人と人をつなげる達人、といったところです。この日は、プラスチックごみ削減のために間伐材で作った木製ストローを実用化させた女性をゲストに招きました。

「耐久性は？」「コストは？」「材は何が使える？」

参加者のやり取りは相次ぎ、あっという間に1時間半が経過。会が終わっても、それぞれ出勤ギリギリの時間まで名刺交換や議論を続けていました。

松尾さんに声をかけました。

食と農に関心があれば誰でも参加OK。ただ毎回参加者には「組織や肩書きは横に置いて参加してください」とお願いしています。私も個人の課外活動として取り組んでいます。組織として開こうとすると、上司・部下の関係で自由な意見を言えなかったり、ゲストを選ぶ理由など逐一決裁が必要で、とても今のようにはできません(笑)。

松尾さんは学生時代に京都府京丹後市で農家の手伝いをした経験をきっかけに、2013年に農林水産省に入りました。

1年目から法改正を担当し、深夜帰宅を続ける日々が続きました。そしてある日突然、体が動かず仕事に行けなくなります。精神科を受診し、そのまま1年間休職しました。

どんなに時間をかけても終わりの見えない机の上の業務が続く苦しさもありましたが、それが何のため、誰のためなのかもよく分からなくなっていたのがつらかったです。休んでいる間も、自分が生きている意味があるのかと思い詰めてましたね。

その後、職場復帰し、木材の利用拡大を担当していた時に長男を出産。2018年「霞ヶ関ばたけ」の運営を先輩から引き継ぎ、代表になりました。仕事と子育てをしながらの運営は決して楽ではないものの、忙しさに苦痛を感じることはないといいます。

霞ヶ関ばたけは、家庭と職場以外の、私の作りたい空気感を表現する「サードプレイス＝第3の居場所」ですね。来てくれる人の笑顔を見るたびに、私ももっと仕事を頑張ろうと思えます。

本業も充実しているという松尾さん。今の名刺の肩書きは「農林水産省農林水産技術会議事務局研究推進課先端技術実装班係長」（30文字！）。いかめしい役職名ですが、「スマート農業」というロボットやＡＩを導入した農業の普及に取り組んでいます。

今の手応えをこう語りました。

全国の農業の現場に行ける、私のやりたかった仕事です。昔の私には、農家がどのぐらい設備投資をしているのか、1アールの田んぼからどれだけのお米が取れていくらで売れるのかも分かっていなかった。なのにいきなり法律を作る部署に入って、言われるとおりの仕事しかできず、やりがいを見いだせなかった。それがいまは、仕事をしながら農家さんの顔が浮かぶようになって、経営の課題も少しずつ分かる。思い描いていた官僚像に近づいている気がします。

厚生労働のすべてがここに！

次に紹介するのは、厚生労働省入省4年目の渡部宏樹さん（26）です。2019年4月、東京・三鷹市役所に出向し、生活保護を担当する「ケースワーカー」として勤めています。生活保護費を支給するだけでなく、家庭を訪問して就労を支援したり、生活の相談に乗ったりしている渡部さん。制度設計をする霞が関から福祉の最前線に移って何を学んでいるか、聞いてみました。

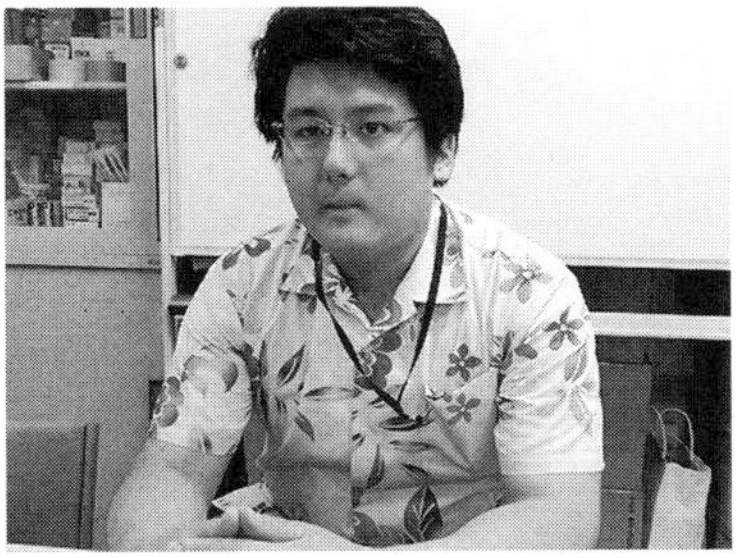

厚生労働省４年目（当時），三鷹市役所に出向中の渡部宏樹さん

出向を命じられた時、生活保護受給者について具体的なイメージを持ち合わせていませんでした。正直に言うと、私は、お金でものすごく苦労したという経験はありません。生活に困っている方に深くかかわったこともなく、自分に務まるのか不安でした。

渡部さんは着任後、すぐに約100世帯の担当を任されました。

気付いたのが、貧困は見た目では分からないということです。多くの方は身だしなみも整っていて、生活に困っている雰囲気は感じない。でもよく聞くと、障害で働けなかったり、国民年金では生活が成り立たなかったり、それぞれ事情がある。そうした人が担当地域のあちらこちらにいる。貧困ってこれまで私の周りになかったのではなく、私が気付かなかっただけじゃないかと痛感しました。

つくづく思うのは仕事の幅広さです。ケースワーカーは、厚生労働省11局の仕事すべてを担当しているようなものです。どうすれば働けるか一緒に考えるし、職探しのサポートもします。体調が悪ければ医療機関につなぐ。年金や子育ての相談にも乗る。介護サービスをケアマネジャーや主治医などと考える会議にも出席します。私は3月まで厚労省の介護保険の部署にいましたが、要介護の判定がでて、サービスの利用方法が決まり、ヘルパーが生活を支えていくというプロセスを目の当たりにしたのはこちらに来てからです。ほかにも必要があれば不動産や電気ガス水道、葬儀のことまで、人生に関わるすべてのことに橋渡しをします。こんなに密度の濃い経験は現場でないとできません。

熱を込めて話す渡部さん。現場で直面し、考えるようになったのが「国の制度のあり方」だといいます。

国がすべて事細かに決めすぎなくていいと思いました。例えば住んでいるアパートの部屋で自営の仕事を始める人に、家賃を経費として認めるのか。病気の人のために、ケースワーカーが病院を探したり、通院の介助をしたりしていいのか。こんなことは国の指針には書いていませんが、それでいいと思います。事情に応じて、自治体の裁量で決められるようになっていないと、自立を支えるための血の通った支援が果たせなくなるおそれがあります。国はやたら規制するのではなく、現場がよりよい支援を行えるよう応援する立場であることが大切だと思います。短い期間ですが精いっぱい役割を果たし、現場でしか得られない知見を国に持ち帰りたいと思います。

ちょっとコワモテ(失礼!)な風貌の渡部さん。まだ出向して3か月足らずですが、人の暮らしに向き合いながら、国の役割をしっかり考えていました。

コミュニケーション改革を!

最後に紹介したい官僚は、ベンチャー企業に学んだ女性です。

経済産業省秘書課の課長補佐、八木春香さん(32)。職場改革と職員採用を担当しています。

八木さんは2019年3月までの8か月間、フリマアプリの「メルカリ」に出向していました。ベンチャー企業の仕事の進め方を学ぶ経済産業省の研修制度の第1号でした。

メルカリではキャッシュレス決済サービスの立ち上げに関わりました。新規事業を進めるスピード感とダイナミックさに圧倒されましたが、最大のカルチャーショックは、コミュニケーションのハードルを徹底的に下げる工夫です。

メルカリでは社内の連絡でメールを使いません。「slack」というチャットシステムを活用しています。これは社員どうしの連絡をすべて見られることが特徴です。社員一人ひとりのLINEのトーク画面を、全社員が見られると言ったら分かりやすいでしょうか。誰も情報過疎にならないし、縦割り組織にありがちな「隣は何をする人ぞ」という状態が起こらない。使ってみると、メールは情報の遮断が多いツールだったと気づかされます。

物理的にもオープンです。オフィスでは、社長もヒラ社員も分け隔てなく机を並べています。局長室がある省庁とは対照的です。やはり物理的な壁は心理的な壁にもなりますよね。社長も職場の雰囲気が見えて会話が耳に入ってくる場所にいるほうが社内を把握しやすいのでしょう。

さらに、最大の収穫は「1on1」（ワン・オン・ワン）という部下と上司の会話の時間だったといいます。アメリカ・シリコンバレーから世界的に広まりつつある制度です。

経済産業省からメルカリに出向した八木春香さん

全社員が毎週、直属の上司と30分程度の面談の時間を持つんです。業務上の話は少なく、昔なら飲み会でやっていたような近況や趣味の話をする時間を制度化し、意思疎通を深めるイメージです。「ふだんから何かあったら話せばいい」と思われるかも知れませんが、スケジュールに組み込んで「この日はあなたのために30分割く」と決まっていることが重要です。ふだん部下が相談ごとを持ってきたり、上司が進捗《しんちょく》を確認したりするのは、実は表面的なコミュニケーションでしかない。1on1は、何を言ってもいいという心理的な安全性を確保した状態で話します。すると、「うまく説明できないけどなんとなくヤバそうです」という問題の兆しや、体調面で必要な配慮も分かる。危機管理がしっかりするし、仕事の手戻りも少なくなります。先端のIT企業なのにとてもアナログな方法に思えますよね。もちろんITツールは限界まで使うけれども、やっぱり最後は人間関係。デジタルがすべてで誰とも話さない職場なんて成り立たないんです。

八木さんは経済産業省に戻ってすぐ、この「1on1」を職場に取り入れたそうです。霞が関に新しい風を吹き込むべく頑張って下さい！

今回、私が取材した若手官僚たちは、勉強会、地方自治体、ベンチャー企業と、それぞれ別の世界から霞が関を見つめ直し、新しい官僚像を模索していました。皆さんの周りにも霞が関改革のヒント、ありませんか？

第四部

コロナと闘う官僚たち

新型コロナウイルス感染症への対応に追われる霞が関．必死に闘い続ける官僚の姿がある一方，その背後からは，これまで取り上げてきた不合理な働き方や文化による問題が噴出しているように見えてきます．

16

失われた〝特別な時間〟

2020年3月

伊津見総一郎・鈴木康太

子どもたちにとって、3月は同級生と残された時間を過ごす大切な時期です。そんな〝特別な時間〟は、新型コロナウイルスの広がりで失われました。

誰もいない学校

都内のある中学校。2020年3月3日から、臨時休校が始まりました。例年であれば高校入試も終わり、卒業式に向けた準備などで、教員にとっても、せわしなさと一抹の寂しさが入り交じる時期だそうです。

しかし、ことしはそんな感傷に浸ることもありません。新型コロナウイルスの感染拡大により、主役となる肝心の生徒たちがいないからです。あるベテラン教員は、その心境をこう語りました。

中3の生徒は、ようやく受験も終わり、あとは卒業式というかけがえのない時期なのに、その機会が奪われました。生徒が心配で電話すると、「みんなと会いたい」「早く学校に行きたい」という声が聞かれます。生徒たちの生活リズムや精神状態が本当に心配です。

臨時休校に関する速報が流れたテレビ画面

突然の表明、ざわめく省内

安倍総理大臣（当時）が、2020年2月27日に示した全国一斉の臨時休校の意向。驚いたのは生徒や教員、そして保護者だけではありません。教育行政をつかさどる文部科学省の官僚たちも同じだったといいます。

「まじで?!」

2月27日午後6時半ごろ。この臨時休校に関するテレビの速報が流れると、小中学校を担当する文部科学省初等中等教育局のフロアがどよめきました。話を聞くと、自分たちの担当する学校に係る重大な決定をテレビで知ったという職員がほとんどだったということです。

もしかしたら休校要請が必要とは思いましたが、こんな形でとは。でも、課題があっても休校すべきと政府が判断した以上、感染拡大防止に向けて全力でやらねばと。（中堅職員）

まわりの職員はかなり驚いていました。休みにした場合、子どもたちが立ち寄る商業施設やカラオケをどうするのか？親が働いている子どもたちは、居場所が確保できるのか？多くの課題が頭のなかを駆け巡りました。（若手職員）

休校は本来誰が判断？

災害時などに、学校の休校などを判断するのは、市区町村の教育委員会や学校長です。文部科学省は、休校の要請はできても、それを指示する法的な権限は持っていません。

感染症と言えば、国内でおよそ２００人が亡くなった２００９年の新型インフルエンザが思い出されますが、その時も、文部科学省が、全国一斉に休校を求めることは、ありませんでした。今回は、政府が設置した新型コロナウイルス対策の専門家会議で事前に議論されませんでしたが、安倍総理大臣は２月２９日の会見で、「子どもたちの健康・安全を第一に、感染リスクに備えなければならない。十分な説明がなかったことは、確かにそのとおりだが、責任ある立場として、判断しなければならなかったことをどうかご理解いただきたい」として、政治的に判断したと説明しました。

方針決定の経緯は？

政府から示された突然の方針。しかし、水面下では文部科学省内でも、対策に動き始めていたといいます。

２月２７日、幹部が官邸に行ったり来たりばたばたしていたので気にはなっていたのですが……。（幹部）

急に指示があった。本当に大丈夫かと不安を感じました。（若手職員）

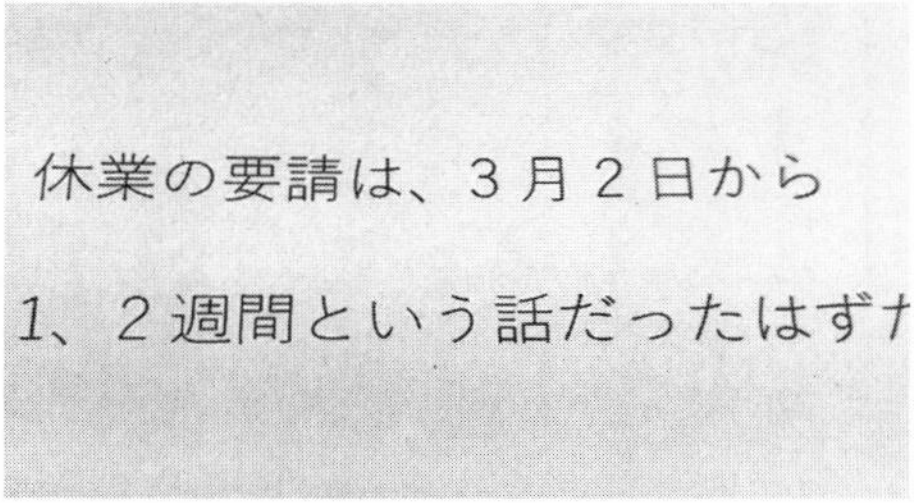
休業の要請は、3月2日から
1、2週間という話だったはずた

総理の休校表明直後，学校団体から文部科学省に送られたメールの一部

こう振り返る官僚たち。総理から方針が示された27日、萩生田文部科学大臣や藤原事務次官らが官邸に行き、安倍総理大臣と臨時休校について話し合ったそうです。文部科学省側からは、休校にした場合、働く親の子どもへの対応などをどうするか、課題を提示したということですが、その数時間後、安倍総理大臣が全国一斉の臨時休校について、表明しました。

当時、現場は混乱していました。当日夕方、文部科学省から電話連絡を受けた学校団体が、総理が休校を表明した直後に回したメールです。

休校などの措置を検討し始めていた文部科学省。しかし、その要請内容は、官僚たちの想定を超えていました。休校は1、2週間という期間でなく、およそ1か月先の春休みまでと示されたからです。

> 一斉休校は無理ではないかというのが周りの考えだった。オリンピックや経済などの状況を総合的に顧みればやむをえないという政治判断になったのだと思う。自治体などとの調整もなく、もう少しやり方があったのではないか。（幹部）

連絡を受けた学校関係者も、こう振り返ります。

文科省が誰かの意見を聞いて自分たちで判断した感じはない。ばたばたと決め、何か問題がおきるかどうかは、彼らも後回しという印象だった。

対応に追われた現場は

安倍総理大臣が一斉休校の考えを表明した直後。文部科学省には、報道各社から問い合わせが相次ぎました。私たちも、休校の是非論はさておき、それに伴って生じる諸課題(授業時間、入試、学童保育、単位など)をどうするか、学校関係者や子どもたち、さらに、保護者らが混乱すると思いました。

しかし、対応した文部科学省は、「今夜は対応できません」と繰り返すのみ。翌日28日の大臣会見まで具体策は示されず、そのドタバタぶりが浮き彫りになりました。国の要請を受けて、全国の小中学校の98%以上が臨時休校に入りました。3月上旬に、ユネスコが公表した調査でも、全世界で3億人の子どもたちが新型コロナウイルスの影響で学校に通えなくなっているそうです。関係者の受け止めもさまざまです。

今回の休校については、さまざまな意見があるが、健康を守る視点ではしかたないと思います。一方、子どもたちが抱えるストレスは大きく、心の問題を考えていかないといけない。学校としても子どもたちをどのようにケアしていくかが大事だと考えています。（小学校長）

もう友達とゲーム三昧で生活が乱れている子どももいます。一方、経済力のある家庭は、オンライン教育などで学習を続けています。「コロナウイルス格差」が生まれています。（都内の中学教員）

高校3年生は、国立大学の後期試験に備え静かな教室で勉強していました。とても大事な時期なんです。慌てふためく大人より子どもたちのほうが冷静かもしれませんね。（高校教員）

用事がないかぎり、家から外出してはいけないと言われた。昼間の家はひとりぼっちだし、友達と遊ぶのも禁止されている。ほかに楽しいことが浮かばないです。（小学生）

この全国一斉の臨時休校。一部地域では、子どもたちのストレスや不安に配慮し、解除する動きもありますが、このまま、春休みまで続くところもありました。

NHKが3月に行った世論調査によると、安倍総理大臣の要請を受けた今回の臨時休校について聞いたところ、「やむを得ない」が６９％、「過剰な対応だ」が２４％でした。

ただ、休校の必要性について、十分な説明がなされたのか、実務を担う現場との調整不足はなかったか、子どもたち、保護者、学校に与えた影響も大きいと感じます。

17 今どき官僚もテレワークですが……

2020年4月

杉田沙智代・中村雄一郎

新型コロナウイルス対策として、各企業で進められている「出勤者の7割削減」。「実現はなかなか難しい」と嘆く声。霞が関からも聞こえてきます。

青空の下、大臣記者会見

春の穏やかな陽気となった4月7日、青空の下、小泉環境大臣の定例記者会見が開かれました。内容は、政府の「緊急事態宣言」にあわせた環境省の対応について。小泉環境大臣の背後には、桜の花びらが1つ、2つと、舞い散りました。

国会外の広場で会見が行われたのは、いわゆる〝三密〟を防ぐためです。

〝ソーシャルディスタンシング〟も実践すべく、大臣と記者との間は2メートル以上の距離が保たれました。

会見は減らすわけにはいかないと思っていたら、大臣から「外ではできないの?」という意見がありまして。この青空の下での大臣会見は他省庁からやり方について問い合わせがありましたね。(環境省幹部)

屋外での会見を提案した小泉環境大臣

庁舎の窓は全開

庁舎内でも対策がとられていました。室内ではこまめな換気が鉄則とされていて、多くの窓が開けられていました。

しかし、取材したこの日(4月16日)の外の最高気温は12度ほど。

おまけに、この部屋は26階という建物の最上階に位置しており、とにかく寒い。職員の中には、コートを着たり、ストールを巻いたりする人の姿も見受けられました。

窓に近いので、寒くて逆にかぜをひいちゃうのではないかと思うこともあります。でも、コロナ対策だから仕方がないですよね。（環境省）

手ごわいのがテレワーク

霞が関で、あの手この手で進められる新型コロナウイルス対策。

内閣府、金融庁、国土交通省、経済産業省などでは取材当時感染者が出ているだけに、危機感があります。ただし、「テレワーク」については苦戦しているようです。現在、人との「8割の接触削減」を実現させるため、最低、出勤者を「7割削減」するよう求められていますが、これは、不夜城と称される霞が関も例外とされていません。

政府も「できれば7割以上を目指して取り組む」としていますが、現場の職員たちに実情を

地上 26 階，防寒具を着込んで業務に勤しむ官僚たち

聞いてみると、こんな声が聞かれました。

仕事の半分はテレワークになりました。今のところ問題はありません。（30代・財務省）

2チームの交代シフトでやっているが、職員に発熱者が出るとバックアップのために出なければならず、すでに連日出勤しています。（40代・国土交通省）

自宅にWi-Fiがない人には貸し出しをしてくれました。ありがたいかぎりです。それに通勤時間の減少により、睡眠時間も大幅に増えました。（30代・文部科学省）

各省庁に4月中旬の段階で問い合わせたところ、環境省や経済産業省は7割の目標を達成。しかし、ほかの省庁は7割に達していないところや、実績をまとめていないところも。中には、「頑張れるだけ頑張る」といった回答もありました。

こうした事態、想定していた？

そもそも霞が関では、多くの職員が出勤できない事態を想定していたのか？ そこで、各省庁のBCP（＝事業継続計画）を調べてみました。

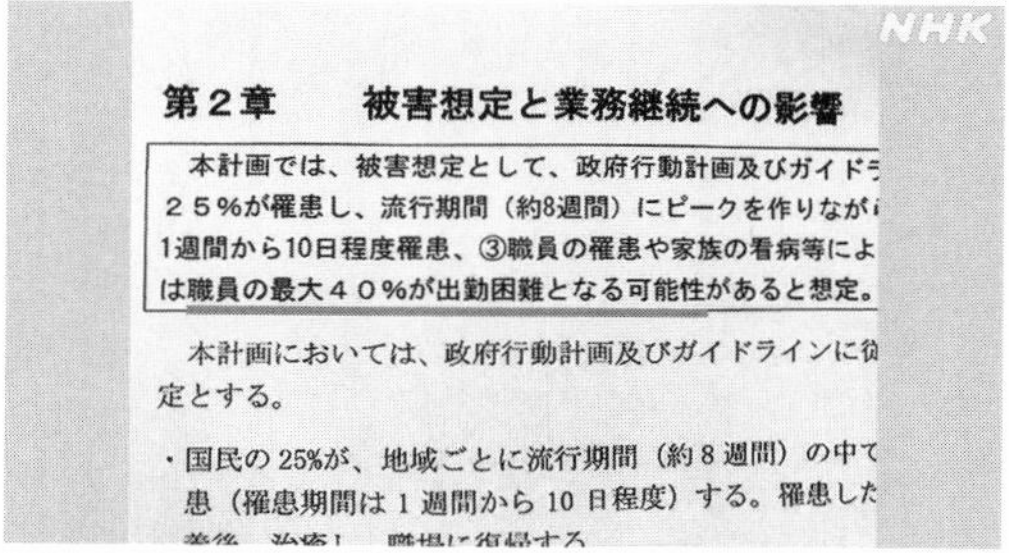

経済産業省の BCP（事業継続計画）

これらは１１年前の新型インフルエンザの世界的流行を教訓に感染症を想定して、作られたものです。計画をみると、想定していた職員の欠勤率は4割でした。

今回、新型コロナウイルスで求められているのは7割削減と大幅に上回ります。また、各省庁のＢＣＰをみると、必ずしもテレワークに重点を置いていなかったことがうかがえます。

例えば、外務省のＢＣＰには「スプリット・チーム制」「時差出勤」などの文言はありますが、テレワークへの言及はありませんでした。

ただ、多くの民間企業でも、今回初めてテレワークを導入しています。想定を超えたことが、テレワークが進まない直接の理由にはならない気もします。

【理由1】ぜい弱なオンライン環境

各省庁のシステムでは、何が壁になっているのでしょうか？

決裁があるから？　とも思いましたが、今は電子決裁なので自宅でも可能とのこと。取材すると、多くの職員が口にした理由が、ぜい弱なオンライン環境です。国土交通省の場合、テレワークの時、利用できる共有のＩＤは５００個しかない一方、職員は6万人います。３０代の職員は自嘲気味にこう語りました。「早起きして、まるでイス取りゲームです。急にこのような事態になったので、仕方がない部分もありますが。ＬＩＮＥ電話とかのほうが早い気がします」。

また、テレワーク中の環境省職員に、その様子を送ってもらうと、使っているテレビ会議のシステムは「Ｗｅｂｅｘ」と呼ばれるものです。

一方で、経済産業省や厚生労働省では「Ｓｋｙｐｅ」、外務省では「Ｔｅａｍｓ」などが使われているようです。このように各省庁で使われているシステムはバラバラで、省庁間の調整が在宅では難しいと感じる事情もあるようです。

これから予算要求も始まります。結局、このままだと多くの職員が登庁しないといけなくなるのではないでしょうか。そうなると、〝出勤7割減〟の目標はとてもではないですが、無理ですね。（５０代・環境省）

【理由2】国会議員への対応

さらに、現場の職員を取材すると「国会対応」という理由が挙がりました。国土交通省の50代職員に聞くと「在宅で国会対応するのは無理でしょう」という答えが返ってきました。

前日や前々日に質問する議員への説明や質問取り。そこから答弁作成して、局長や大臣の修正を踏まえて答弁書の印刷などを行います。各省との調整や過去の資料・答弁との整合をはかったり、毎日徹夜に近い作業ですから、在宅では難しいかと。

テレワーク中に国会議員に説明を求められて急きょ出勤したケースもあるとのこと。やはり国会対応は対面じゃないと無理なのかと思っていたところ、なんと最近、環境省の職員が国会議員に対し、ウェブ会議でレクの対応をしたというケースがあったそうです。

早速話を聞いてみました。

感染拡大のため、環境省では原則対面禁止となっています。さらにレク要求を受けた担当課はみんなテレワークをしていました。そうした中で、国会議員側からウェブ会議ができないかと提案がありました。音声テストなどが大変でしたが実際にやってみたら、意外にできるなと。もっと状況が改善されて、活用が進めばいいなと思いますね。（30代・環境省）

霞が関だけの課題ではない

霞が関でテレワークを進めていくためにはどうすればいいのでしょうか？

民間企業で働いた経験がある官僚は「得意先」ということばを使って、新型コロナウイルスにより霞が関も国会議員も今後は変わらざるをえないと指摘しました。

得意先を抱える仕事をしていれば、民間企業であれ霞が関であれ、在宅勤務を自分たちだけで進めることはできません。霞が関にとっての得意先は国会議員ですので、その理解と協力が前提になります。もちろん、国会運営がすぐに変わるのは難しいと思いますが、新型コロナウイルスの状況を見れば、検討せざるをえない状況になるのではと思います。

今回を機に、国会対応などさまざまな面で変わる必要があると思います。

霞が関は新型コロナウイルスとの闘いのさなかです。しかし、それにより働き方はもとより、国会との関係にも変化が生まれるかもしれません。

18

「コロナと闘う公務員たち」
——厚労省〝コロナ本部〟現場の保健所は

2020年4月

荒川真帆

新型コロナウイルス対策の要として、厚生労働省内部に設けられた通称〝コロナ本部〟。官僚たちは不眠不休で働いていました。また、自治体の保健所でも、想像を絶する事態が起きていました。対策の最前線です。

24時間態勢〝コロナ本部〟の官僚たち

〝コロナ本部〟というのは、厚生労働省の2階の大講堂に設けられた新型コロナウイルスの対策本部のことです。全国の感染者の動向を都道府県を通じて把握し、実務的な対策を指示する司令塔の役割を担っています。

“コロナ本部”の様子．1日中慌ただしい……

2020年1月に設置されてから、24時間態勢で対策にあたり、未明になっても部屋の電気が消えることはありません。内部の取材は禁止されています。感染拡大が続くなか、いったいどんな業務にあたっているのか、複数の職員に話を聞かせてもらいました。

講堂には長机がところ狭しと並び全国の空港などで実施する検疫を管理する「検疫班」、マスクの調達を監督する「マスク班」、国会対応を担う「国会班」など10近くの班が編成されているといいます。

今は新人からベテランまで総出です。土日もありません。でも感染防止は、まさに厚労省の本来業務なので、みんなでなんとかせねばと体を張っています。ただ、各地で日々の状況がめまぐるしく変わるため、その把握だけでもとても困難です。国会質疑も普段の倍以上で、それにも人が必要なのですが、とにかく人手が足りません。（対策本部にいる男性官僚）

日々、刻々と状況が動く未知の感染症対策。これだけでも大変なところに、一斉休校に伴う学童保育への対応、雇用への影響、さらに国会対応までもが求められています。「東日本大震災以上だ」という声が上がるのもうなずけます。

〝コロナ本部〟では、食事を取る暇もないので、講堂の入り口には、カップ麺や栄養ドリンク、さらに大臣らから差し入れられたお菓子などの段ボールが山積みにされていました。例年であれば、ここはまもなく新人官僚たちの入省式が行われる厳かな場所。それが、2020年には一変していました。

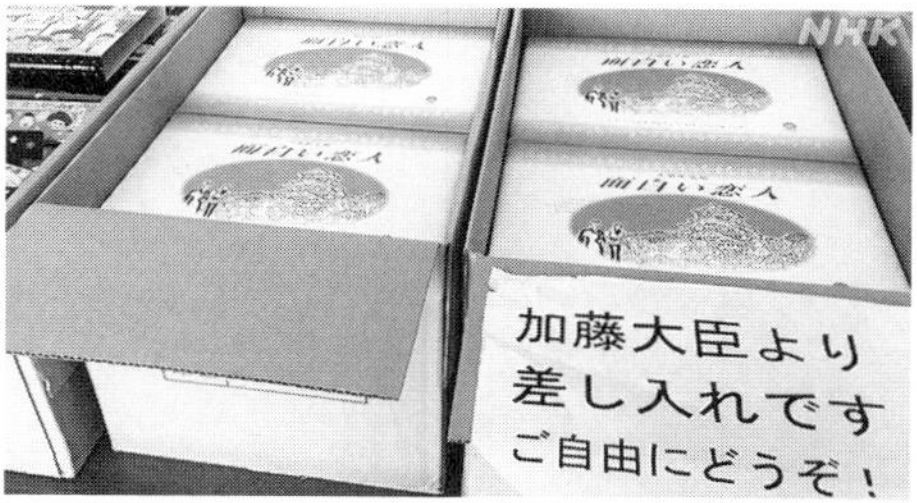

“コロナ本部”への差し入れ

メールの宛先は900人超え

この本部には、応援職員が次々と交代で入ります。省内外の応援を含め、常時200人前後の職員が詰めているといいます。その数の多さがうかがえるのがメールの宛先です。SNS上で飛び交う情報を共有するため、担当係から送られたものだといいますが……。その宛先の職員数は912人にも上ります。

重要な情報はメンバーを限って共有しているそうですが、全体の共有メールは、こうした形も珍しくないのだそうです。

厚労省では体調崩す妊娠中の職員も

過酷な勤務が続く厚生労働省。省内の職員の中には、体調を崩す人もでています。妊娠中の職員が急きょ、入院したケースもあったということです。

徹夜する職員も何人もいるなか自分だけ帰りますとは言いづらく、本人も午前1時や2時まで働いていたそうです。そうした働き過ぎもあり、入院したと聞きました。（職員を知る男性官僚）

現場の保健所は「悲鳴をあげています」

新型コロナウイルス対策に忙殺されているのは国だけではありません。現在、都内では感染拡大が続き、小池都知事が「感染爆発の重大局面だ」と発言する事態となっています。

私たちは、病院とともにまさにその最前線にいる保健所がどんな状況になっているのか、知りたいと思いました。すると、都内のある保健師がその実態を知ってもらえればと多忙な業務の合間に、取材に応じてくれました。

「保健所は悲鳴をあげています」。彼女はそう口にしたあと、次のように今の所内の様子を語り始めました。

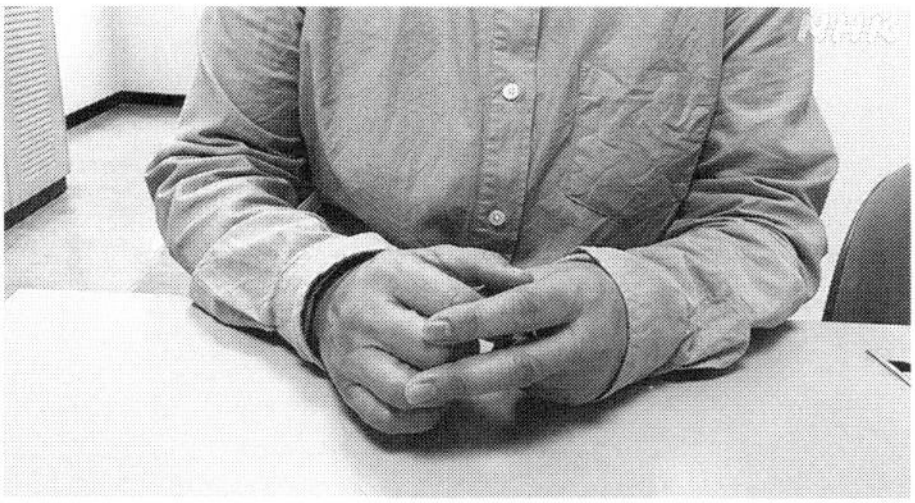

保健師歴 20 年，新型インフルエンザの時より混乱と話す

まず、電話相談ですね。2月後半から一気に増え、多い時には1日に３００件にも上ります。朝からずっと鳴りっぱなしです。検査要望や感染疑いの相談のほかに、企業からは、「社内の消毒をどのようにしたらいいか」、母親からは「休校期間中、家のなかで、家族同士のコミュニケーションがうまくとれない」など内容は様々です。苦情やストレスで半ばパニック状態に陥っている人からもかかってきます。１本の電話で３０分以上になることもざらです。

さらに女性があげたのが、「PCR検査」についてです。今やニュースで聞かない日はないPCR検査。「医療機関との調整が極めて難しい業務なんです」と彼女は訴えました。

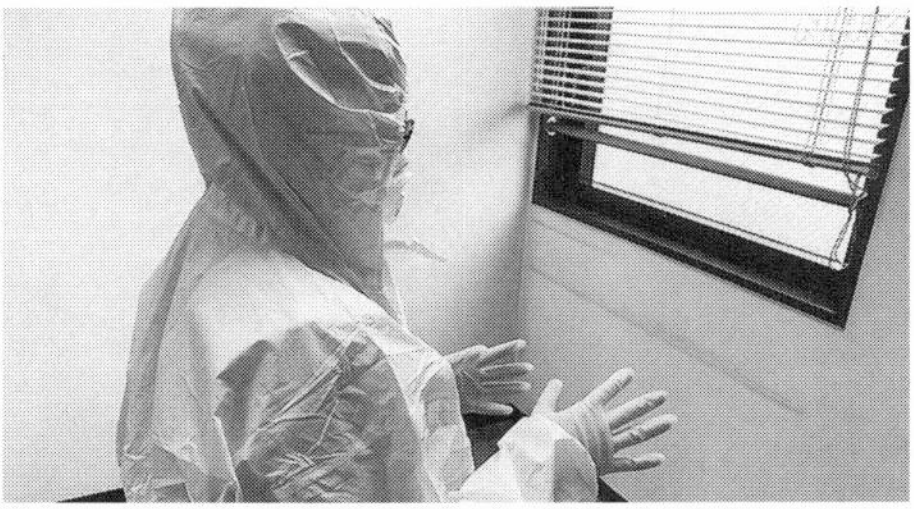

防護服を身に着けた状態

検査を実施する際、患者の検体を取りに行き、検査機関に運びます。私のような保健師と医師がペアで現場に向かいますが、自らの感染を防ぐために防護服を身に着けて行かなければならないのです。用意にとても時間がかかります。住宅街やマンションに赴く場合は、近所の人に不信感を与えないように配慮が必要です。人目につかないよう、夜間に赴くこともあるんです。

そこまでの対応をしていたとは、正直知りませんでした。

防護服の着脱の様子も、見せてもらいました。手袋のはめ方、ファスナーの開け閉め、マスクの付け方など、手順もかなり煩雑です。そして、これを着けての作業は、とても暑いとか。脱ぐときには、ウイルスが付着していないか、細心の注意を払うため、神経をすり減らすそうです。

さらに、この女性は、検査を終えたあと、患者と病院とをつなぐ作業も苦労が多いと教えてくれました。

調整が簡単に進まないんです……。容体の悪い患者や陽性患者をどこで受け入れてもらうのか。設備を整えている病院は限られていますし、なかには、「受け入れたくない」と断る病院もありました。

こうした業務以外にも、濃厚接触者の特定と健康観察(朝晩2回、多い時には100人以上の体調をメールや電話で管理。急な体調変化の相談にも応じる)や、感染者の行動履歴の確認、さらに、夜間の相談対応もあるといいます。

何より驚いたのは、これだけの業務を10人ちょっとでこなしていると聞いたことです。彼女は、「他の課からも応援態勢を組んで回していますが、それでも足りません。同時多発的に発生する業務を一度にこなさないといけないんです」と漏らしました。

取材の最後におそるおそる「誰かが倒れたらどうなるんでしょうか?」と尋ねました。すると、彼女は淡々とした表情でこう返しました。

誰かが倒れたら、もう終わりです。

保健所の実情に詳しい専門家は

国、地方の新型コロナウイルス対策の最前線。専門家はどう見るのでしょうか。全国の保健

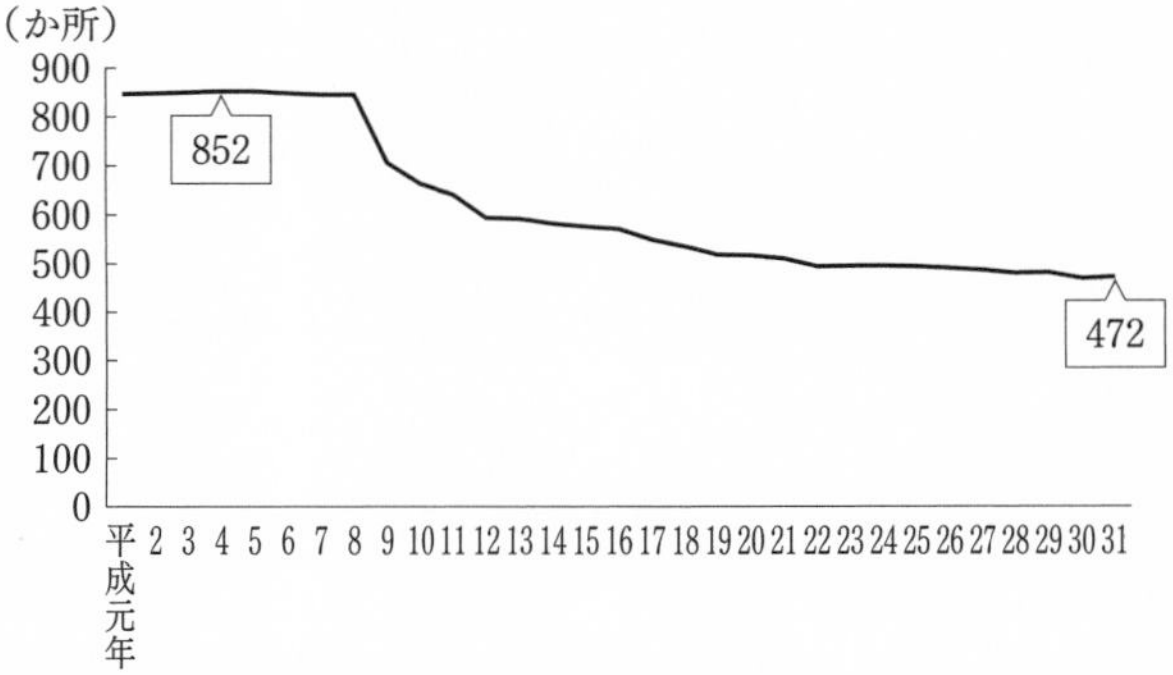

全国の保健所総数の推移（厚生労働省より）

所の実情に詳しい浜松医科大学の尾島俊之教授に話を聞きました。尾島教授は未知の感染症と向き合う業務の厳しさ、難しさをこう語りました。

みんな保健衛生のプロとして、この困難を乗り切ろうと必死に頑張っています。ただ、各地の保健所に聞くと、職員の疲弊はすでにピークに達しています。人手を増やそうにも、専門的な知識や経験が必要なので、応援者が簡単に集められるわけではありません。

さらに、保健所の負荷がことさら大きくなっている背景にこの２０年あまりで進められた保健所の統廃合を例に挙げて、こう続けました。

行政改革の流れで公務員は国も地方も減り続けてきています。保健所もずいぶん統廃合が進みました。その結果、保健所の数はピークから半数近くの４７２箇所まで減少し、職員の数も減らされました。その分、業務が減ればいいですが、社会は複雑化し、大きな災害も増えて、業務はどんどん増えています。今回のコロナは、そんな現場を直撃したわけです。

世界各国が今、全力で取り組んでいる新型コロナウイルス対策。取材した現場以外にも、病院はもちろんのこと、この未知の感染症と闘っている人たちはほかにも多くいると思います。そうした人たちへの取材を私たちは続けます。

あとがき

「霞が関のリアル」、２０１９年３月からＮＨＫのウェブサイト上でスタートしたこのシリーズには２０２１年１月までに３０本を超す記事が掲載された。取材に関わったのは主に社会部の記者たち。事件、医療、環境、教育など専門分野の異なる１０人余の記者たちが「霞が関」という１つの取材テーマに向き合った。

この取材のきっかけは２０１６年以降、相次いで明るみにでた霞が関の不祥事だった。森友学園をめぐる財務省の決裁文書の改ざんや防衛省が日報を隠蔽した問題。さらに、加計学園の獣医学部新設をめぐってはその選定プロセスの不透明さなどが国会などで大きな議論となった。私は加計学園をめぐる問題をデスクとして指揮したが、２年近くに及んだこの取材において、何度も信じられない思いをした。中でもショックだったのは霞が関における文書主義の形骸化だった。

政策立案などのプロセスを詳細に記録し、のちに検証できるようにする文書主義。これは官僚たちが戦後、最も大切にしてきたイズムだったはずだ。それが「存在するもの」が「しないもの」とされ、公文書でありながら「書かれた内容が事実と違う」とされた。「何が省内で起きているのか？」私たちは強い疑問を官僚たちにぶつけ続けた。「疑惑がある以上、どんな取材相手でも追及する」。これは記者の矜持だが、それを遂行し続けるには身を切る覚悟が必要だった。親しかった官僚から責められたり、遠ざけられたりするのは日常となり、精神的に不安になった取材相手の話に夜通し耳を傾けた記者もいた。事実を明らかにするためとはいえ、記者たちにとってはつらい取材だったはずだ。しかし、上からの圧力に負けず、敢えて口を開いて、組織の不正を告白してくれた官僚たちのことを思うと引くことはできなかった。何より、長年取材先として尊敬かつ信頼してきた人たちがどうしてこんな深刻な現状に目を背けているのか、その理由が知りたかった。

霞が関ではその後も、各省庁が障害者の雇用を水増しした問題（２０１８年）や文部科学省や厚生労働省の幹部官僚の接待問題（２０１８年）、厚生労働省の「毎月勤労統計調査」の不正（２０１８〜１９年）など不祥事がやむことはなかった。強まる霞が関へのバッシング。次第に私たちの頭の中にはこんな考えが持ち上がるようになった。「これは特定の個人や省庁の問題ではなくもっともっと根が深い。何か別のアプローチが必要なのではないか」と。

２０１９年１月となり、自分たちの抱えていた不祥事の取材が一段落したところで、先の考えを実行に移そうと決めた。それがこの「霞が関のリアル」の取材だった。

まず注目したのが官僚たちの働き方。私も長く霞が関を取材していて、官僚の勤務が異常なことは知っていたがそれを記事にしようと思ったことはなかった。それはどこかで、不夜城とも称される霞が関の官僚の働き方を所与のもの、もっといえばどこかで美徳として捉えていたのかもしれない。そこには、官僚を一人の人間として見る視点が欠けていた。当然のことだが、官僚にも家族もいれば、恋人だっている。記事には取材した記者たちが同年代(20、30代)の官僚たちと人として向き合わないと引き出せない本音がつづられていたと思う。

こうしたいわば「共感」を大事にした記事を届ける手段として私たちはネットへの掲載(NHK NEWS WEB)を試みた。幅広い視聴者に届けるテレビと違い、ネットは指向性が強いメディアだ。まずは現場で働く国家公務員にぜひわがこととして感じてもらえる記事を届けたい。そんな思いで取り組んだ。

そうした結果、記事はありがたいことに予想以上に大きな反響を頂いた。何よりネットならではの良さを実感したのはその「双方向性」だ。それぞれの記事の最後に読者に対して感想や意見を寄せて欲しいと投稿を呼びかけたところ、当事者たる官僚たちから直接反応をもらうことができたのだ。

「公務員の実情を知って欲しい」(30代)、「この組織で働き続けるか思案中です」(20代)、「国会対応や政治との距離に不満があり、総合職を1年で退職した」(20代)など、投稿してくれた多くの人たちは記事に登場する官僚にみずからの境遇を照らし合わせていた。私たちはこうして意見を寄せてくれた官僚たちにすぐにメールなどで連絡をとり、了解が得られた場合は直接会って話を伺った。こうしたやりとりから、新たな取材テーマやアイデアが次々と生まれたが、中でも気づきを与えてくれたのは官僚の家族からの投稿だった。「子どもがもてない。国に殺される」という切実な内容をメールで送ってくれた30代の官僚の妻。さらに、元官僚だった妻(夫も官僚)から「やっと気づいてくれましたか」というメールが届いた時にははっとさせられた。どれも毎日心身ともにぼろぼろになるまで働く夫や妻の様子を身近でみている者からの悲痛な声だった。そうしたやりとりを通して、その異常な働き方を改めて認識する一方、官僚たちを追い詰めているのは単に物理的な時間だけではないことも強く感じた。

それを解き明かそうと、私たちは官僚組織を構造的に理解しようと心がけた。取材も働き方にとどまらず、具体的な業務内容や霞が関独特の文化にまで広げていった。それは各省庁を縦割りにではなく横断的にみることで、そこに内在する普遍的な問題点を抽出したいと思ったからだ。思い返せば、ふだん各省庁の記者クラブで仕事をすることに慣れた私たちはこうした取材をあまりしてこなかった。テレビや新聞の記者はそれぞれの省庁で人脈を作り、所管する政策を検証し、その分野の専門性を高めていく。これはいわゆる当局取材というもので、権力の監視という意味でその大切さは色あせない。しかし、こうした取材はどうしても個々の省庁の政策ばかりに目がいき、官僚組織の持つ構造的な課題への意識が欠ける。ここ数年続く不祥事の原因を深く理解するにはやはり縦軸としての個々の省庁への取材だけでなく、各省庁を横断的にみる目、さらに、歴史的な奥行きを加えた立体的な霞が関の把握が不可欠だと感じたのだ。

そして、そのようにみればみるほど明らかになってきたのが官僚たちの疲弊、霞が関全体の弱体化、さらに存在感の低下だった。その背景として、政治家の側にある責任は見過ごせないだろう。このシリーズでも取り上げたが、官僚の過重労働の一因となっている今の質問通告や質問主意書のやり方は果たしてどうなのか？　そして、時間を問わず官僚を呼びつける議員の存在、「忖度」という言葉に代表されるいびつな政官の関係性が生んださまざまな不祥事は、霞が関自身が抱える病理にすべての責任を負わせることはできないことを如実に物語っている。

戦後、奇跡的な経済復興や高度経済成長を経て、経済大国となったこの国をけん引したのは官僚だったといわれるが、バブル経済がはじけて長期停滞期に入り、財政赤字が膨らむようになると、政治家から行政改革の必要性が叫ばれるようになった。２０００年以降、公務員は大幅に削減され、政治主導のかけ声のもと、官僚幹部の人事権は内閣人事局が握るようになり、各省庁の頭越しに行われる政策も増えた。これらの改革は時の政権を国民が支持したからこそ行われたともいえよう。しかし、そのメリット・デメリットを私たちはどれだけしっかり検証してきたのだろうか。そんなことを今、新型コロナウイルスの惨禍に直面して大いに痛感させられる。未知のウイルスへの対応にはどの国も苦戦しているが、日本の苦境はそのなかでも目についてしまう。デジタル化の遅れで、各地の保健所から感染者の報告が迅速かつ正確に上がらない実態や、学校へのパソコンなどの配備が遅れていたため、オンライン教育に切り替えることができなかった現実、また、政治家への対面説明に追われるあまり、いまだ進まない霞が関のテレワークもしかりだ。

さらに、この間の政策検証も不可欠だ。突如持ち上がり、すぐに立ち消えとなった小学校の秋入学、マスク不足の解消として無償配布された〝アベノマスク〟、そして観光業を支援するため実施されたＧｏ Ｔｏトラベル、さらに世界の中でも開始が遅れたワクチン接種など。ことし1月に行われたＮＨＫの世論調査でも、「政府の新型コロナへの対応を「あまり評価しない」、もしくは「全く評価しない」」という意見は58％に上っている。

連日タクシー帰りを続けるある若手官僚は「コロナ対応は霞が関にとり一丁目一番地の仕事です」と気丈に語る。確かにその通りだが、一連の迷走ぶりをみると官僚たちの自助努力ではもはや乗り越えられない壁のような存在を感じる。政治も危機感を持ち始め、河野行政改革相のもと官僚の勤務実態の調査が行われたり、官僚たちが、国会で質問する議員に事前に内容を聞き取り、答弁を作成する「問取り」をリモートで行う政治家も徐々に出始めたりするなど、改善のきざしはある。しかし、それがどこまで徹底され、抜本的な解決につながるかは不透明だ。

また、最近になって明らかになった総務省や農林水産省の幹部たちの接待問題。官僚、特に幹部たちの接待をめぐる問題は先述した通り、3年前に文部科学省と厚生労働省で起きたばかりだ。この世代(50代)は1998年に霞が関の権威を大いに失墜させた大蔵省接待汚職事件、そしてその反省から2000年に施行された国家公務員倫理法について、すでに入省後の出来事でもあり、肌感覚で理解していたはずだ。こんな上司たちの姿を現場で奮闘する若手の官僚、さらにこれから官僚を目指す学生たちはどう見ているだろうか、やるせない思いが募る。

コロナ禍は霞が関と永田町が抱えていた課題を一気にあぶり出した。さらに、それらが国民生活に大いなる不利益となる現実を私たちに突きつけた。この痛切な教訓を官僚、そして政治家がどのように受け止め、生かすことができるのか、私たちはしっかりと見届けなければならない。

2021年4月

「霞が関のリアル」取材班デスク　大河内直人

大河内直人
（おおこうち・なおと）

１９９８年入局。愛知県出身。静岡局から社会部に異動。文部科学省や学校現場を長年取材。ＮＨＫスペシャル「ワーキングプアⅢ」（２００７年１２月）「無縁社会」（２０１１年２月）などの番組取材・制作にも関わる。社会部デスクを経て現在、「おはよう日本」チーフプロデューサー。

荒川真帆
（あらかわ・まほ）

２００８年入局。新潟県上越市出身。初任地の長崎局、大阪局で行政や遊軍、事件取材などを担当。２０１５年から社会部にて教育分野を中心に取材。文部科学省担当時に天下り問題や加計学園をめぐる問題などを取材。現在は福岡局に配属。趣味は日本酒、山歩き。

大山雄介
（おおやま・ゆうすけ）

２００６年入局。東京都出身。一橋大学社会学部卒。札幌局、室蘭局、大阪局を経て現在は報道局ニュース制作部。「ニュースウオッチ９」で政治・経済の特集などを担当。「目撃！ にっぽん」で東日本大震災９年のドキュメンタリーを取材・制作。２０２０年から「おはよう日本」を担当。

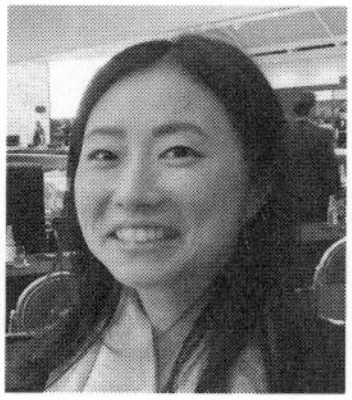

杉田沙智代
（すぎた・さちよ）

２０１０年入局。和歌山局、大阪局で事件や紀伊半島豪雨を取材。２０１４年に社会部に異動し国土交通省で尖閣諸島の警備状況などを追う。その後、環境省で気候変動対策などを取材。２０２０年夏から厚生労働省担当として新型コロナウイルス対策を取材している。趣味はｈｕｌａ。

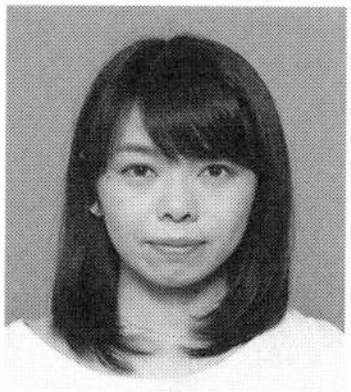

小林さやか
（こばやし・さやか）

２００７年入局。北九州局、福岡局を経て、現在は社会部。２０１９年から厚生労働省担当。女性と子どもの人権、介護、保育、働き方などが興味分野。主な取材に、引き揚げ時の戦時性暴力と中絶問題、無給医問題など。３人の子育てと仕事の両立の中で感じる疑問を取材の出発点にしている。

松尾恵輔
（まつお・けいすけ）

２０１０年入局。静岡局を経て、報道局社会部で氷河期世代の雇用や、悪質クレームなど労働問題を取材。厚生労働省を取材時、若手の職員が次々退職していく事態に直面。霞が関の官僚の働き方を取材した。国際部異動後、タイのアジア総局で東南アジア地域の取材を担当。趣味は温泉、銭湯巡り。

福田和郎
（ふくだ・やすろう）

２００６年入局。神戸局、大阪局で勤務し、社会部を経て現在、千葉局記者。社会部時代に厚生労働省や文部科学省の中央省庁を担当。新型コロナウイルスについて国内感染１例目から取材を続けているほか、労働問題や教育関連などを取材してきた。趣味は猫。

北村洋次
（きたむら・ようじ）

２００２年入局。静岡局、大阪局、東京の社会部で勤務。専門は調査報道や経済事件取材。ＮＨＫスペシャル「追跡　パナマ文書」（２０１６年１１月）「追跡　パラダイスペーパー」（２０１７年１１月）「いま年金に何が――ＡＩＪ事件　そして公的年金」（２０１２年４月）など制作。現在は、盛岡局デスクとして東日本大震災をテーマにニュースや特集番組を制作する業務にあたっている。趣味はランニング。

森並慶三郎
（もりなみ・けいざぶろう）

２００４年入局。出身は愛媛県内子町。岡山局を振り出しに、大阪局、成田空港支局で事件や航空業界を取材し、２０１５年から社会部に異動。文部科学省の記者クラブで道徳の教科化、教科書検定、さらに加計学園の問題など教育と政治に関わる取材を行った。２０１９年からは福岡局で遊軍記者としてコロナ禍の経済・教育・医療など幅広く取材中。

中村雄一郎
（なかむら・ゆういちろう）

2003年入局。記者として大阪、沖縄、東京で勤務し、現在は鹿児島局デスク。専門は沖縄戦や基地問題、戦没者遺骨収集、憲法、災害など。ネット世論も取材中。NHKスペシャル「沖縄戦　全記録」（2015年6月）「憲法と日本人——1949—64　知られざる攻防」（2018年5月）など制作。趣味はマラソンと野球だが、最近は育児に専念。

三浦佑一
（みうら・ゆういち）

2003年入局。福島局、名古屋局、報道局社会部などを経て、静岡局記者。主に社会保障・福祉分野や地方行政を取材。NHKスペシャル「#失踪　若者行方不明3万人」（2018年4月）「〝ともに、生きる〟——障害者殺傷事件　2年の記録」（2018年7月）、クローズアップ現代＋「問題の核心は!?　徹底検証・統計不正」（2019年2月）など。地域放送局からのデジタル発信強化に取り組む。

伊津見総一郎
（いづみ・そういちろう）

2011年入局。釧路局で北方領土、長崎局で佐世保女子高生殺害事件などを取材。社会部に異動後、総務省、文部科学省を担当し、加計学園問題、官僚汚職事件、大学入試改革、あいちトリエンナーレをめぐる表現の自由の在り方などを取材する。現在、宮内庁を担当。

鈴木康太
（すずき・こうた）

2011年入局。初任地の札幌局や、室蘭局を経て社会部。警視庁捜査一課担当として殺人事件などを3年間取材。東京都目黒区の女児虐待死事件や神奈川県座間市で若い男女9人が殺害される事件を通じて教育が子どもたちのセーフティネットにならないかと感じて文部科学省担当を志願。担当キャップとして現在も入試改革や教育格差の問題を中心に取材している。

霞が関のリアル

2021年6月16日　第1刷発行
2021年8月26日　第3刷発行

著　者　NHK取材班《しゅざいはん》

発行者　坂本政謙

発行所　株式会社　岩波書店
〒101-8002　東京都千代田区一ツ橋2-5-5
電話案内　03-5210-4000
https://www.iwanami.co.jp/

印刷・三陽社　カバー・半七印刷　製本・松岳社

ISBN 978-4-00-061472-6　　Printed in Japan